Impressum
Verlag: BABADADA GmbH, Nedderfeld 112 , 22529 Hamburg
Geschäftsführer / Verlagsleitung: Harald Hof
Druck: Books on Demand GmbH, In de Tarpen 42, 22848 Norderstedt

Imprint
Publisher: BABADADA GmbH, Nedderfeld 112 , 22529 Hamburg, Germany
Managing Director / Publishing direction: Harald Hof
Print: Books on Demand GmbH, In de Tarpen 42, 22848 Norderstedt, Germany

sukuu

ysgol

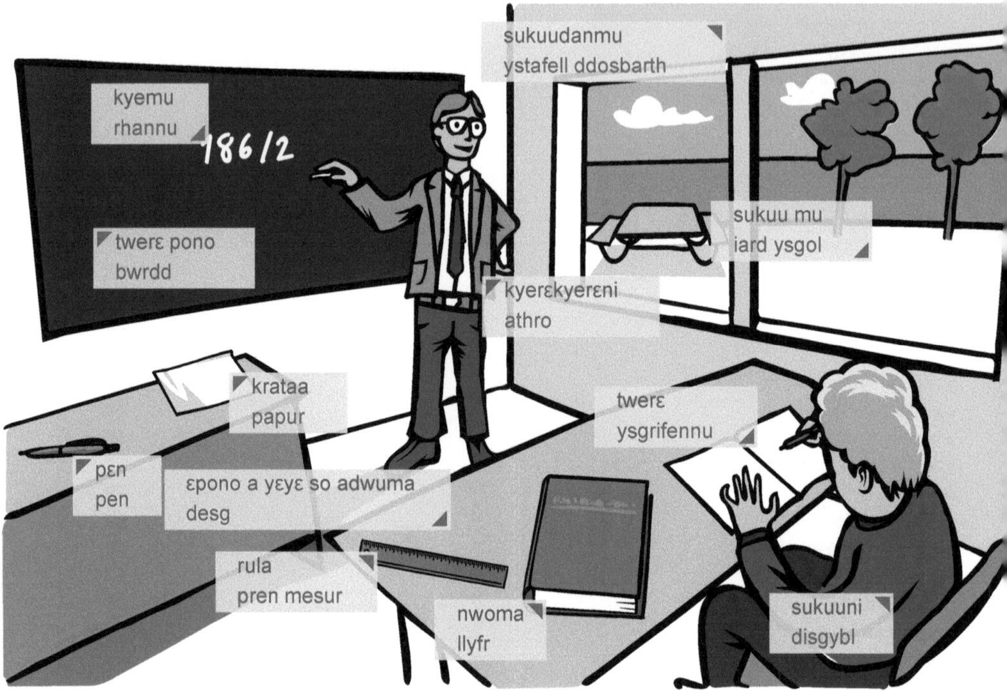
sukuudanmu
ystafell ddosbarth
kyemu
rhannu
186/2
twerɛ pono
bwrdd
sukuu mu
iard ysgol
kyerɛkyerɛni
athro
krataa
papur
twerɛ
ysgrifennu
pɛn
pen
ɛpono a yɛyɛ so adwuma
desg
rula
pren mesur
nwoma
llyfr
sukuuni
disgybl

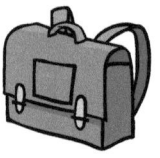

baage
bag ysgol

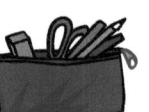

twerɛdua konko
blwch penseli

twerɛdua
pensil

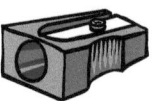

deɛ yɛde sensen twerɛdua ano
peth rhoi min ar bensil

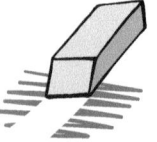

rɔba
rwber

krataa a yɛdwi adeguso
pad arlunio

adedwie

llun

penti brɔhye

brws paent

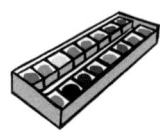

penti adaka

blwch paent

apasɔ

siswrn

aman

glud

nwoma a yɛyɛ mu adwuma

llyfr ysgrifennu

efie adwuma

gwaith cartref

nɔma

rhif

2+2

kabom

ychwanegu

5-2

te fri mu

tynnu

mmɔho

lluosi

sese

cyfrifo

A

lɛtɛ

llythyren

ntwerɛeɛ

gwyddor

asɛmfua

gair

ntwerɛdeɛ

testun

kenkan

darllen

kyɔk

sialc

adesua

gwers

twerɛ wo din

cofrestr

nsɔhwɛ

arholiad

abodinkrataa

tystysgrif

sukuu ataadeɛ

gwisg ysgol

adesua

addysg

nyansa nwoma

gwyddoniadur

suapɔn

prifysgol

maakroskop

microsgop

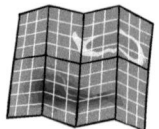

map

map

kɛntɛn a yɛde krataa nwura
gu mu

basged papur gwastraff

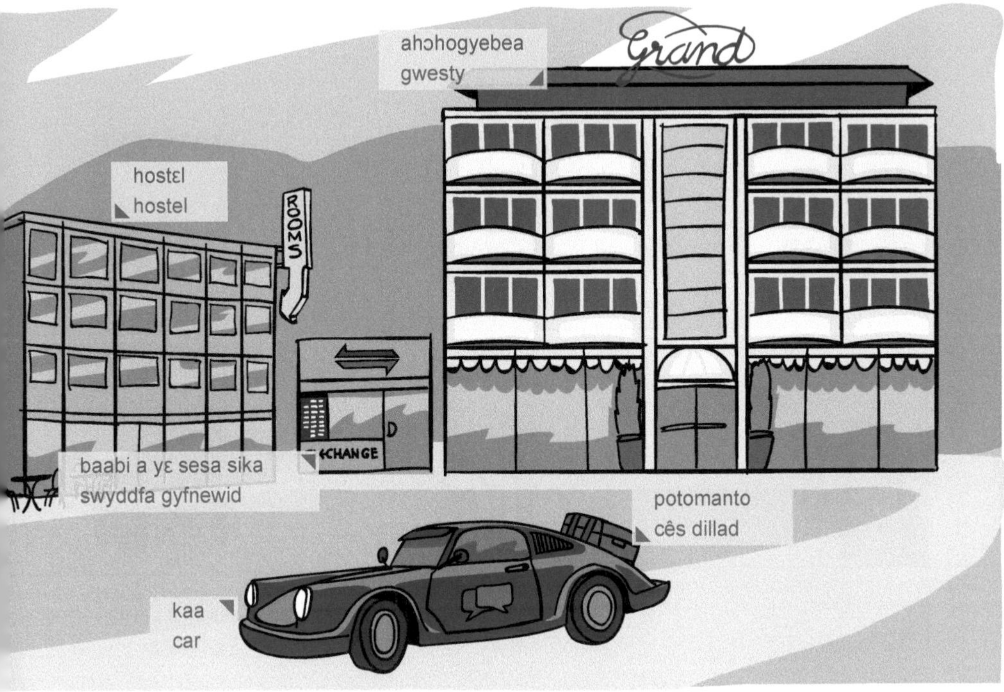

ahɔhogyebea
gwesty

hostɛl
hostel

baabi a yɛ sesa sika
swyddfa gyfnewid

potomanto
cês dillad

kaa
car

kasa
iaith

aane / dabi
ie / na

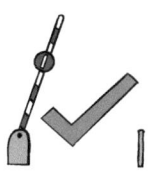

Yoo
iawn

hɛlo
helo

kasa asekyerɛfoɔ
cyfieithydd

Medaase
Diolch yn fawr

...bɔɔ yɛ sɛn?

faint yw ...?

Me nte aseɛ

Dw i ddim yn deall

ɔhaw

problem

Maadwo!

Noswaith dda!

Maakye!

Bore da!

Dayie!

Nos da!

baibai o

hwyl

akwankyerɛ

cyfarwyddyd

wo nneɛma

bagiau

bɔtɔ

bag

akyirebɔtɔ

gwarbac

ɔhɔhoɔ

gwestai

danmu

ystafell

bɔtɔ a yɛda mu

sach gysgu

ntomadan

pabell

nsɛm dema wɔn a wɔkɔ
nsrahwɛ
gwybodaeth i ymwelwyr

mpoano

traeth

kaade a yɛde yi sika

cerdyn credyd

anɔpa aduane

brecwast

awua aduane

cinio

anwumerɛ aduane

swper

tiket

tocyn

pegya

lifft

stamp

stamp

ɛhyeɛ so

ffin

kutɔmfoɔ

tollau

embasi

llysgenhadaeth

visa

fisa

passpɔt

pasbort

akɔneabadie

cludiant

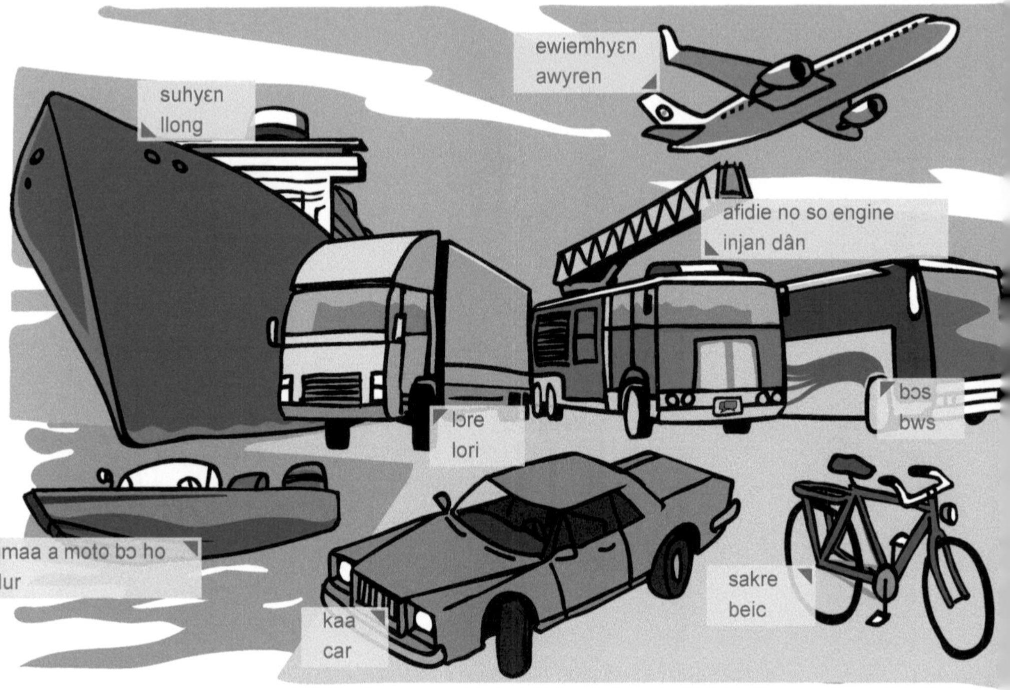
ewiemhyɛn
awyren
suhyɛn
llong
afidie no so engine
injan dân
lɔre
lori
bɔs
bws
maa a moto bɔ ho
dur
sakre
beic
kaa
car

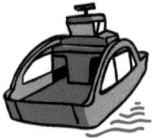

hyɛma

fferi

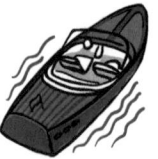

suhyɛn kumaa

cwch

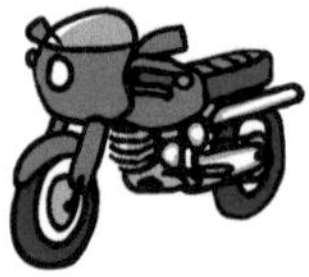

motosakre

beic modur

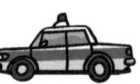

polisifoɔ kaa

car yr heddlu

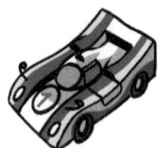

kaa a ɛkɔ mirika akansie

car rasio

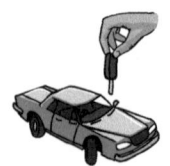

kaa a yɛde ma ahan

car wedi'i rentu

wɔre kyɛ kaa

rhannu car

lɔre a asɛeɛ

lori tynnu

bɔɔla kaa

lori ysbwriel

moto

modur

pɛtro

tanwydd

baabi a yɛbu pɛtro

gorsaf betrol

trafik ahyɛnsodeɛ

arwydd traffig

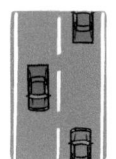

trafik

traffig

trafik akye

tagfa draffig

baabi a yɛde kaa esi

maes parcio

keteke gyinabea

gorsaf drennau

keteke kwan

traciau

keteke

trên

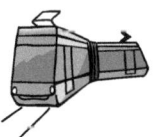

tram

tram

ponkɔ kaa

wagen

helikopta

hofrennydd

ewiemhyɛnbea

maes awyr

abansoro

tŵr

apasingyani

teithiwr

tontowa

cynhwysydd

adaka

paced

kaate

cert

kɛntɛn

basged

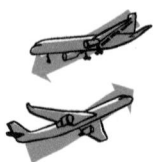

atu / asi fam

esgyn / glanio

kuro kɛseɛ
dinas

akurase

pentref

kuro dwaberɛ mu

canol y ddinas

efie

tŷ

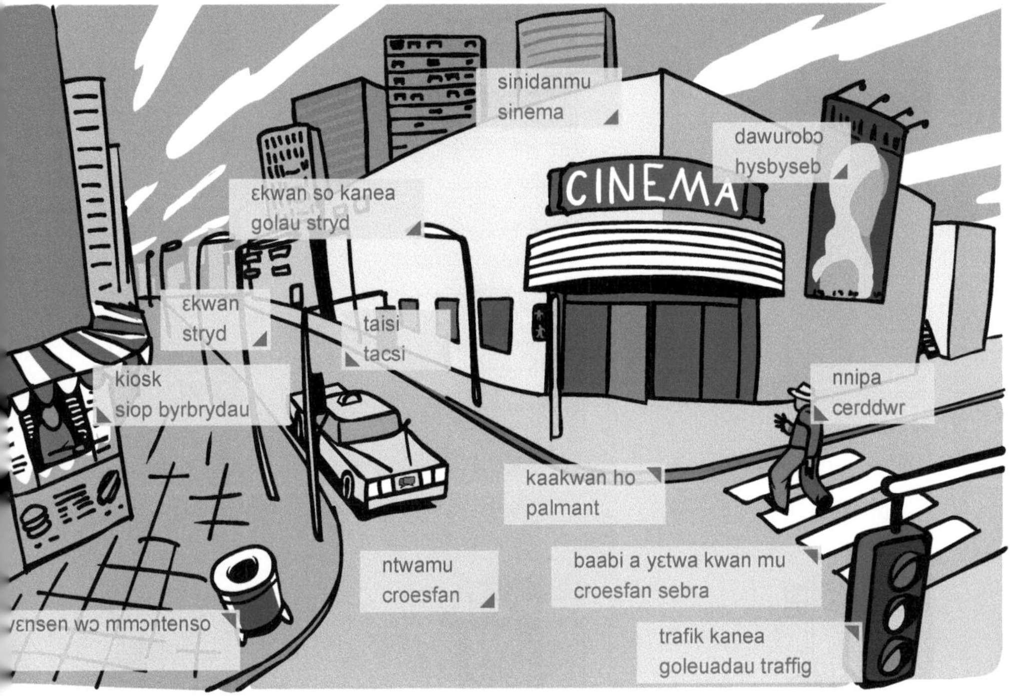
sinidanmu
sinema
CINEMA
dawurobɔ
hysbyseb
ɛkwan so kanea
golau stryd
ɛkwan
stryd
taisi
tacsi
kiosk
siop byrbrydau
nnipa
cerddwr
kaakwan ho
palmant
ntwamu
croesfan
baabi a yɛtwa kwan mu
croesfan sebra
ɛnsen wɔ mmɔntenso
trafik kanea
goleuadau traffig

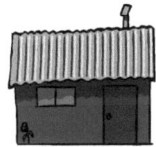

apata

cwt

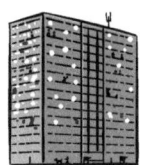

efie

fflat

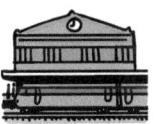

keteke gyinabea

gorsaf drennau

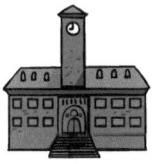

adwaberɛm

neuadd y dref

MUSEUM

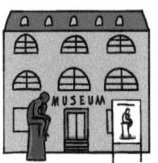

bea a yɛ kora tete nneɛma

amgueddfa

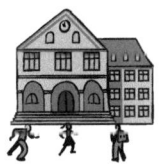

sukuu

ysgol

suapɔn

prifysgol

sikakrobea

banc

ayaresabea

ysbyty

ahɔhogyebea

gwesty

famasi

fferyllfa

asoeɛ

swyddfa

sotɔɔ a wɔtɔn nwoma

siop lyfrau

sotɔɔ

siop

baabi yɛtɔn nhwiren

siop flodau

sotɔɔpɔn

archfarchnad

edwam

farchnad

sotɔɔ kɛseɛ

siop adrannol

baabi a yɛtɔn mpataa

siop bysgod

dwadibea kɛseɛ

canolfan siopa

suhyɛn gyinabea

harbwr

baabi kaa gyina

parc

bɛnkye

banc

ɛtwene

pont

atwedeɛ

grisiau

asaase ase

rheilffordd danddaearol

ɛbɔn

twnnel

baabi a bɔs gyina

safle bws

nsanombea

bar

adidibea

bwyty

lɛta adaka

blwch post

ɛkwan so akwankyerɛ

arwydd stryd

baabi kaa gyina ho mita

mesurydd parcio

zoo

sŵ

nsuo a yɛ dware mu

pwll nofio

nkramodan

mosg

afuo

fferm

deɛ egu mmɔnten so fi

llygredd

asieɛ

mynwent

asɔre

eglwys

agodibea

maes chwarae

asɔre dan

teml

mmɔnten so asiesie

tirwedd

ahaban
deilen

sanbɔd
arwydd cyfeirio

kwan
ffordd

asaase a ɛsere wɔ so
dôl

boba
carreg

dua
coeden

ɔnantefoɔ
heiciwr

asubɔnten
afon

ɛsereɛ
glaswellt

nhwiren
blodyn

amenamu
cwm

bepɔ
bryn

tadeɛ
llyn

kwaeɛ
coedwig

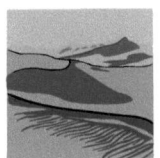

ɛserɛ so
anialwch

egya a efri botan mu
llosgfynydd

abankɛseɛ
castell

nyankontɔn
enfys

emere
madarchen

abɛtene
palmwydden

ntomntom
mosgito

tu
pryf

ntɛtea
morgrugyn

wowa
gwenyn

ananse
pryf copyn

amankuo

chwilen

apɔnkyerɛni

llyffant

opuro

gwiwer

apɛsɛ

draenog

adanko

ysgyfarnog

patuo

tylluan

anomaa

aderyn

nsuo mu dabodabo

alarch

kɔkɔte

baedd

adoa

carw

ɔtweenini

elc

dam

argae

wind turbine afidie

tyrbin gwynt

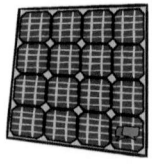

afidie a ɛkye awia

panel haul

wiem nsakraeɛ

hinsawdd

adidibea
bwyty

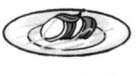

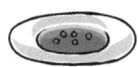

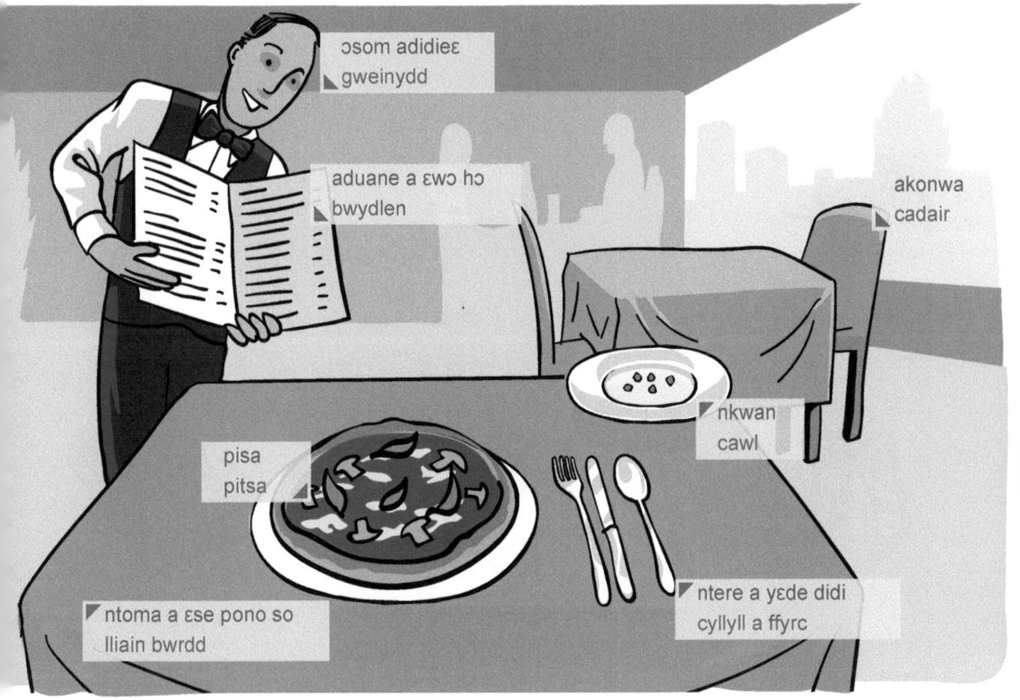

ɔsom adidieɛ
gweinydd
aduane a ɛwɔ hɔ
bwydlen
akonwa
cadair
nkwan
cawl
pisa
pitsa
ntere a yɛde didi
cyllyll a ffyrc
ntoma a ɛse pono so
lliain bwrdd

mprampra anom
cwrs cyntaf

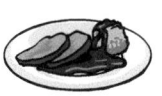

aduane no ankasa
prif gwrs

mpa anom
pwdin

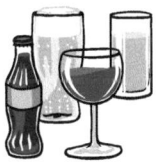

nsa
diodydd

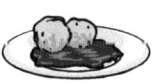

aduane
bwyd

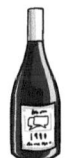

toa
potel

aduane hyewhyew

bwyd cyflym

abɔnten so aduane

bwyd y stryd

tii kukuo

tebot

asikyire konko

powlen siwgr

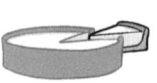

wo kyɛfa

dogn

espresso afidie

peiriant espresso

akonwa tenten

cadair plentyn

wo ka

bil

apanpan

hambwrdd

sekan

cyllell

adinam

fforc

atere

llwy

atere ketewa

llwy de

napkin a yɛde pepa ano

napcyn

glase

gwydr

adidibea - bwyty

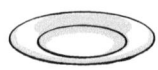

prɛte
plât

kwan kyɛnsee
plât cawl

prɛte ketewa
soser

abomu
saws

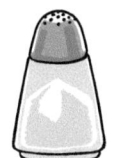

nkyene kukuo
pot halen

yɛde yam mako
melin bupur

fenega
finegr

anwa
olew

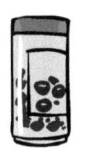

aduhwam
sbeisys

kɛkyɔp
saws coch

mustad
mwstard

mayones
mayonnaise

sotɔɔpɔn
archfarchnad

ntesoɔ soronko
cynnig arbennig
adetɔfoɔ
cwsmer
nanatwie nufusuo
cynnyrch llaeth
aduaba
ffrwythau
hwiili
troli
FOR

BUTCHERS

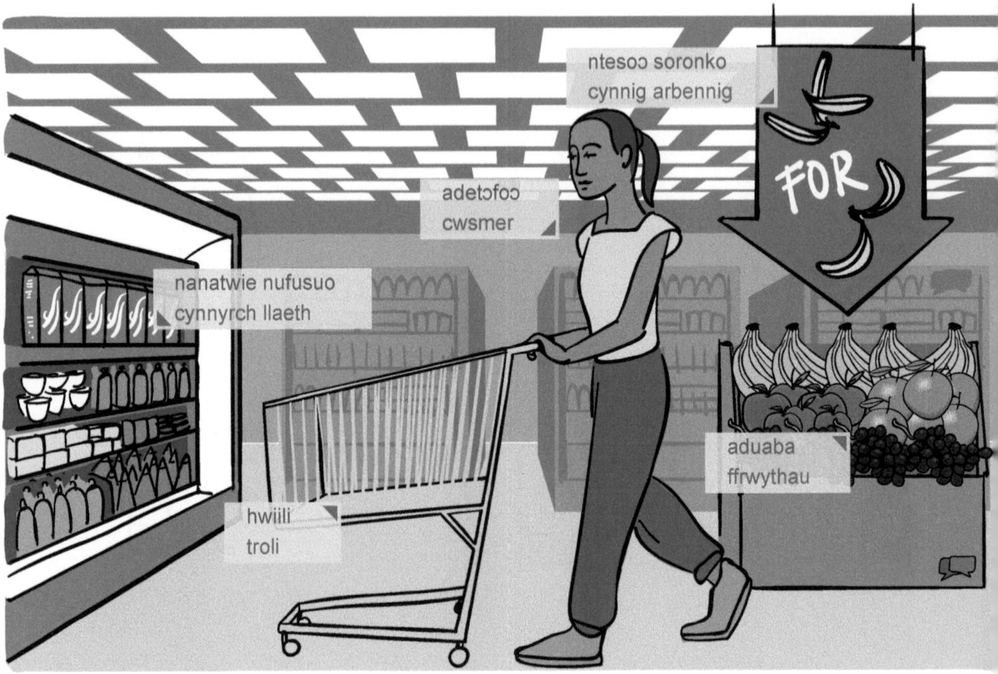

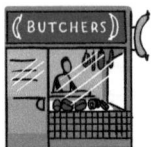

baabi a yɛtɔn nam

siop gig

BAKERY

baabi a yɛtɔn paano

siop fara

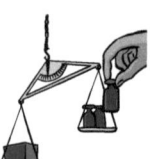

susu

pwyso

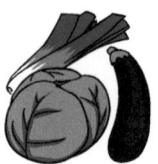

atosodeɛ

llysiau

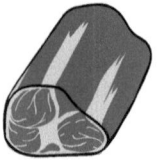

nam

cig

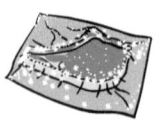

frigyemu aduane

Bwyd wedi'i rewi

nam a adwɔɔ
cig oer

kyɛnsee mu aduane
bwyd tun

paoda samena
powdr golchi

adedɔkɔdɔkɔ
da-da

efie nneɛma
cynnyrch cartref

adetɔneɛ a yɛde pepa fin
cynhyrchion glanhau

nnipa a ɔtɔn adeɛ
gwerthwraig

afidie a egye sika
til

ɔgyegye sika
ariannwr

ataa a wodi rekɔ di dwa
rhestr siopa

berɛ a wɔde bua
oriau agor

sikabɔtɔ
waled

kaade a yɛde yi sika
cerdyn credyd

baage
bag

rɔba baage
bag plastig

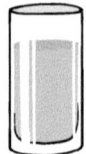

nsuo

dŵr

aduaba mu nsuo

sudd

nufusuo

llefrith

kok

côc

wain nsa

gwin

biya

cwrw

mmorosa

alcohol

kokoo

coco

tii

te

kofe

coffi

espresso

espresso

kapukyino

cappuccino

kwadu

ffrwchledd

apol

afal

ankaa

oren

melon

melon

akutɔɔ

lemwn

karɔt

moronen

garlik

garlleg

pampro

bambŵ

gyeene

nionyn

mmere

madarchen

nkateɛ

cnau

talia

nwdls

spageti

sbageti

ɛmo

reis

salad

salad

kyipis

sglodion

abrɔdwomaa a y'akye

tatws wedi'u ffrïo

pisa

pitsa

hambɔga

hambyrger

sanwekye

brechdan

nam a dompe nnim

cytled

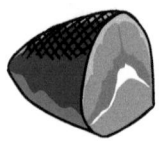

preko nam

ham

nam a y'ahata

salami

sɔsege

selsig

akokɔ

cyw iâr

toto

rhost

apataa

pysgodyn

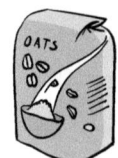

oosu koko

ceirch uwd

muesli

miwsli

konflese

creision ŷd

esam

blawd

krossant

croissant

paano a y'abobɔ

bynsen

paano

bara

paano a y'atoto

tost

biskete

bisgedi

bɔta

menyn

nufusuo a ada

ceuled

keeke

teisen

kosua

wy

kosua a y'akyeɛ

wy wedi'i ffrïo

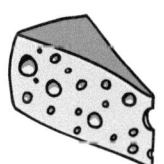

kyiis

caws

asskrim

hufen iâ

asikyire

siwgr

ɛwoɔ

mêl

gyaam

jam

kyokolete

siocled taenu

kɔri

cyri

aduane - bwyd

afuo

fferm

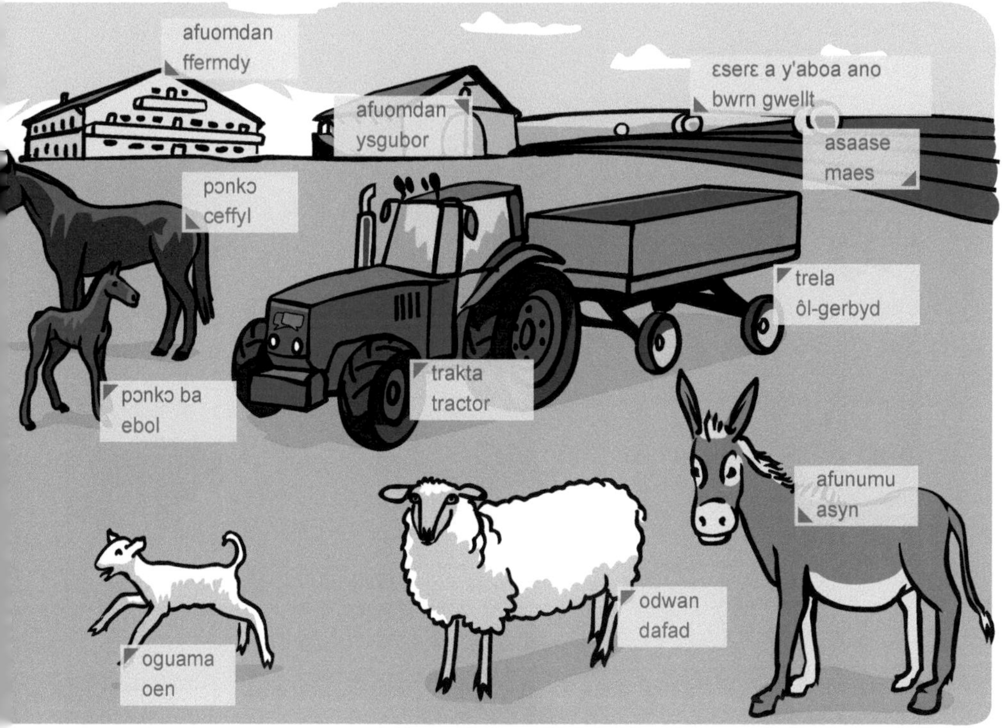
afuomdan
ffermdy
afuomdan
ysgubor
ɛserɛ a y'aboa ano
bwrn gwellt
asaase
maes
pɔnkɔ
ceffyl
trela
ôl-gerbyd
trakta
tractor
pɔnkɔ ba
ebol
afunumu
asyn
odwan
dafad
oguama
oen

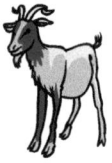

apɔnkye

gafr

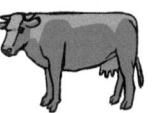

nantwie

buwch

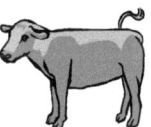

nantwie ba

llo

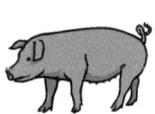

prɛko

mochyn

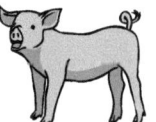

prɛko ba

porchell

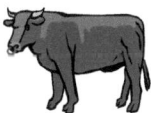

nantwinini

tarw

dabodabo nua

gwydd

dabodabo

hwyaden

akɔkɔba

cyw

akokɔbedeɛ

iâr

akokɔnini

ceiliog

kusie

llygoden fawr

ɔkra

cath

akura

llygoden

nantwinini

ych

kraman

ci

kraman buo

cwt ci

afuom drobɛn

pibell ddŵr

tontora a yɛde gu nsuo

can dŵr

sekan a yɛde twa aburo

pladur

funtum dadeɛ

aradr

kɔntɔnkrɔ

cryman

asɔ

fforch chwynu

afuom adinam

picwarch

akuma

bwyell

hweebaro

berfa

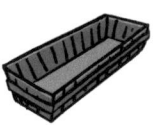

adidika

cafn

nufusuo konko

tun llefrith

bɔtɔ

sach

ɛban

ffens

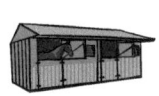

pɔnkɔ dan

stabl

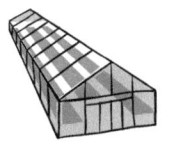

ntomadan a yɛyɛ mu afuo

tŷ gwydr

anwea

pridd

aba

hedyn

ɔyɛ asaaseyie

gwrtaith

otwaberɛ trakta

dyrnwr medi

twa

cynaeafu

otwaberɛ

cynhaeaf

bayerɛ

iamau

ayuo

gwenith

soya

soi

abrɔdwomaa

tysen

aburo

grawn

repu aba

had rêp

dua a ɛso aba

coeden ffrwythau

bankye

manioc

aburo asefoɔ

grawnfwydydd

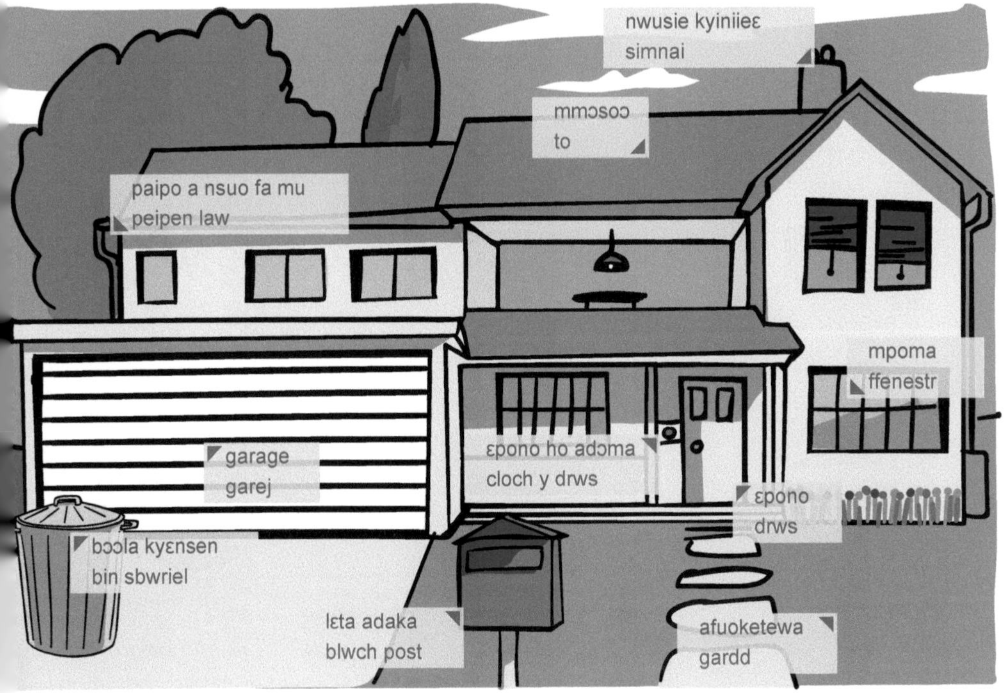

nwusie kyiniieε
simnai

cɔcɔmm
to

paipo a nsuo fa mu
peipen law

mpoma
ffenestr

garage
garej

εpono ho adɔma
cloch y drws

εpono
drws

bɔɔla kyεnsen
bin sbwriel

lεta adaka
blwch post

afuoketewa
gardd

asaso
lolfa

adwarcε
ystafell ymolchi

mukaase
cegin

pie mu
ystafell wely

nkwadaa dan mu
ystafell plentyn

dan a yεdidi mu
ystafell fwyta

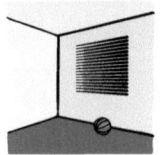

εfam
llawr

εban
wal

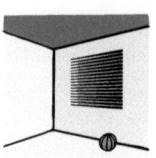

abruuso
nenfwd

danbloo
seler

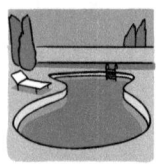

adwereε a εbɔ ɔhyew
sawna

abranaa
balconi

abranaaso
teras

nsuo a yεdware mu
pwll

afidie a yεde dɔ
peiriant torri gwair

nsεfam
taflen

ntoma a εse kεtε so
gorchudd gwely

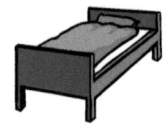

mpa
gwely

prayε
ysgub

bokiti
bwced

dane
swits

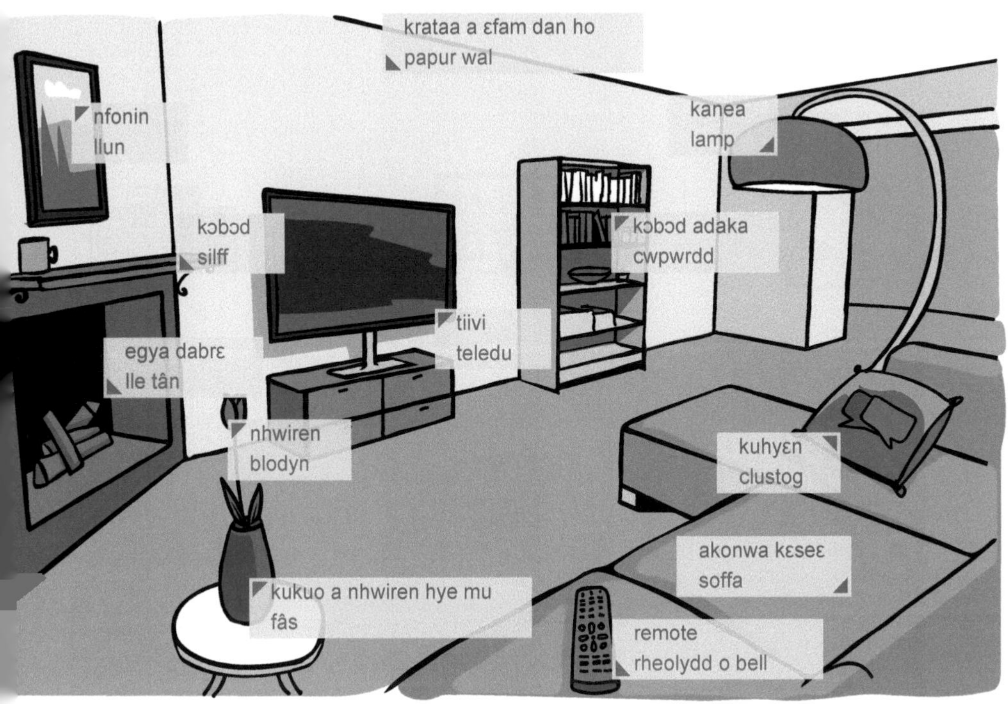

krataa a ɛfam dan ho
papur wal

nfonin
llun

kanea
lamp

kɔbɔd
silff

kɔbɔd adaka
cwpwrdd

tiivi
teledu

egya dabrɛ
lle tân

nhwiren
blodyn

kuhyɛn
clustog

akonwa kɛseɛ
soffa

kukuo a nhwiren hye mu
fâs

remote
rheolydd o bell

kapɛte
carped

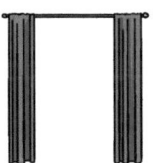

ntwaa dan mu
llen

ɛpono
bwrdd

akonwa
cadair

akonwa a ehinhim
cadair siglo

akonwa a yɛgyegye dan
cadair freichiau

nwoma
llyfr

kuntu
blanced

dan mu nsiesie
addurn

egya
coed tân

sini
ffilm

wailɛs
hi-fi

safoa
agoriad

koowaa krataa
papur newydd

nfonin a y'adwi
darlun

nfam danho
poster

radio
radio

krataa a yɛ twere mu
llyfr nodiadau

afidie a ɛprapra
hwfer

kaktus
cactws

kyɛnere
cannwyll

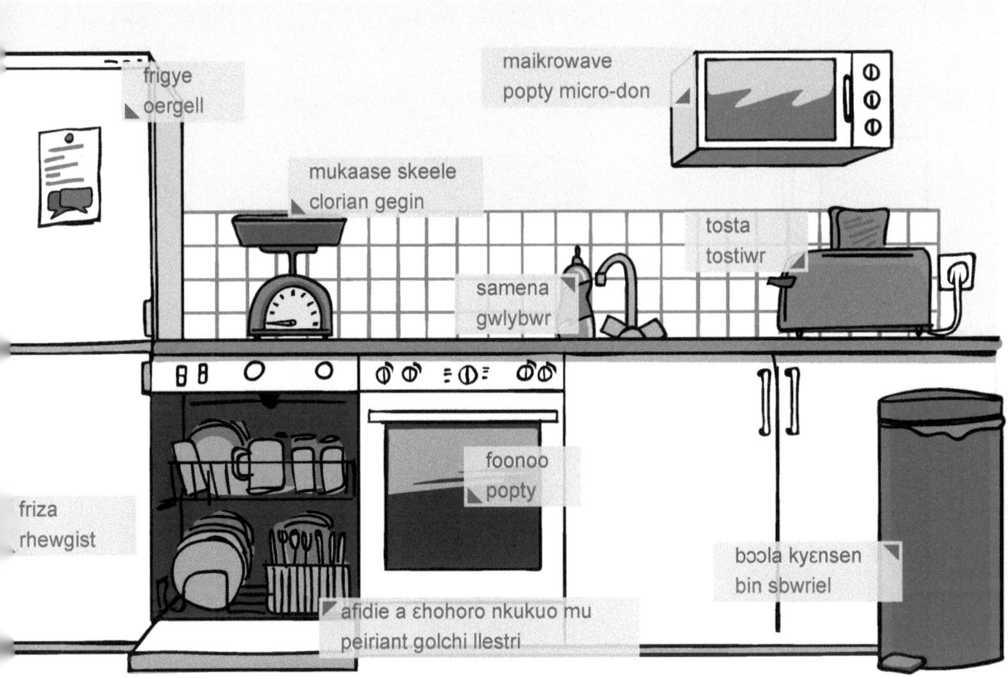

frigye
oergell

maikrowave
popty micro-don

mukaase skeele
clorian gegin

tosta
tostiwr

samena
gwlybwr

foonoo
popty

friza
rhewgist

bɔɔla kyɛnsen
bin sbwriel

afidie a ɛhohoro nkukuo mu
peiriant golchi llestri

abɛɛfo bukyea

popty

kʊkuʊ

pot

dadesɛn

pot haearn bwrw

wok / kadai

wok / kadai

kyɛnsee

padell

nsuo hyeɛ afidie

tegell

stiima
....
sosban stemio

apa a yɛ to so adeɛ
....
hambwrdd pobi

prɛte, kuruwa, ntere ne nea
ɛkeka ho
....
llestri

kuruwa a etumi bɔ
....
mwg

kyɛnsee
....
powlen

nnua a yɛde didi
....
gweill bwyta

kwantre
....
lletwad

dua atere
....
ysbodol

yɛde nu adeɛ mu
....
chwisg

sɔneɛ
....
hidlydd

fefe
....
gogr

greta
....
gratiwr

waduro
....
morter

kyinkyinga
....
barbeciw

bukyea
....
tân agored

ɔono a yɛ twitwaso adeɛ

bwrdd torri cig

ɛta

rholbren

deɛ yɛtu nsa so

tynnwr corcyn

konko

tun

deɛ yɛde bue konko so

peth agor tuniau

yɛde sɔ kukuo mu

clwt pot

sink

sinc

brɔhye

brws

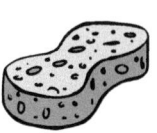

sapɔ

sbwng

aduane yam fidie

peiriant cymysgu

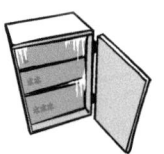

friza nini

rhewgell

toa a abɔdoma nom ano

potel babi

paipo

tap

adwareɛ

ystafell ymolchi

ɔhyewbɔ
gwres
hyawa
cawod
bɔɔloba
tywel
ntoma etwa hyawa mu
llen gawod
ahuro a yɛdware mu
baddon ewyn
pan a yɛdware mu
baddon
glase
gwydr
afidie a esi nnɛma
peiriant golchi
paipo
tap
tiailse
teils
kuraba
potyn
sink
sinc

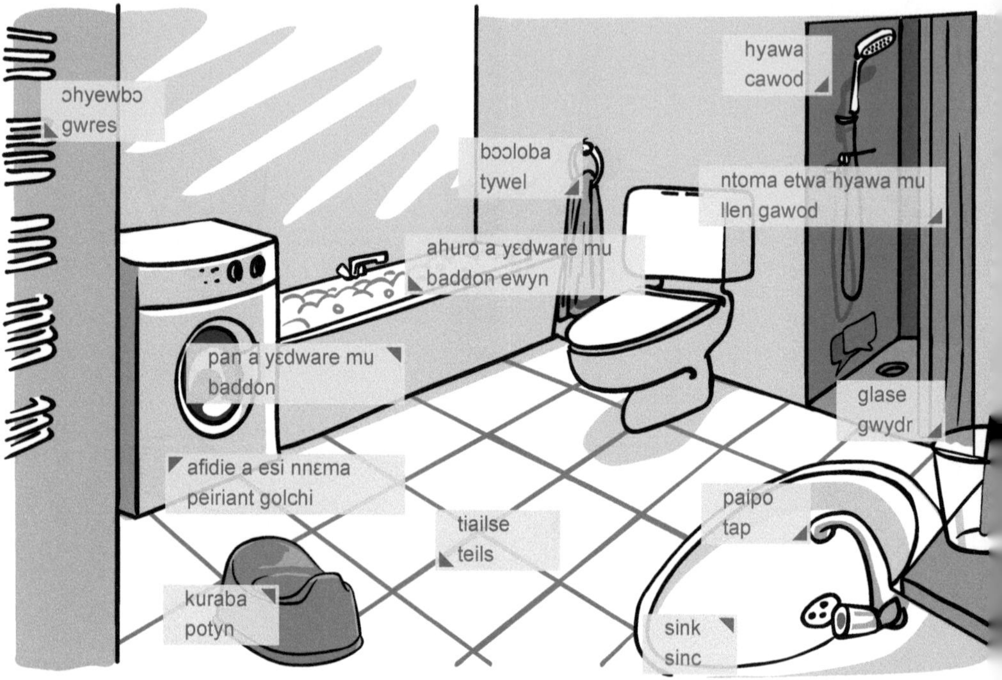

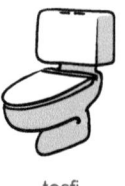

teɛfi

tŷ bach

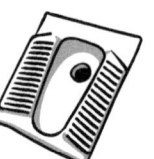

teɛfi a yɛ koto so

toiled cyrcydu

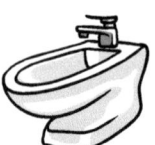

bidet teɛfi

bidet

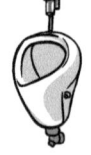

dwonsɔ dan

troethfa

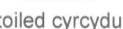

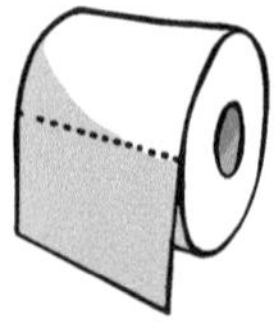

teɛfi so krataa

papur tŷ bach

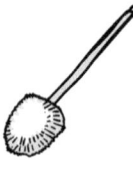

teɛfi so brɔhye

brws tŷ bach

rɔhye a yɛde twitwiri see

brws dannedd

aduro a yɛde twitwiri see

past dannedd

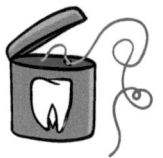

yɛde yiyi ɛsee mu

edau ddannedd

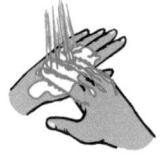

si

golchi

hyawa a yɛsɔ mu

cawod llaw

paipo a yɛde hohoro
ananmu
golchfa

bokiti

basn

brɔhye a wode dware w'akyi

brws-ôl

samena

sebon

hyawa samena

gel cawod

nsuo samena

siampŵ

flanɛl ntoma

gwlanen

baabi a nsu fa pue

ffos

nku

hufen

yɛde fefa amotoamu

diaroglydd

ahwehwɛ
drych

ahwehwɛ a yɛsɔ mu
drych llaw

bled
rasel

ahuro a yɛde yi nwi
ewyn eillio

aduro a yɛde fefa baabi a
wo ayi nwi
sent eillio

afen
crib

brɔhye
brws

afidie a ɛwo nwi
sychwr gwallt

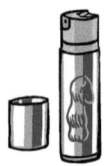

enwi sopre
chwistrell gwallt

pɔns
colur

lipstike
minlliw

penti a yɛde mɔreɛ so
farnais ewinedd

asaawa
gwlân cotwm

apasɔɔ a etwa mmɔreɛ
siswrn ewinedd

aduhwam
persawr

adwareɛ baage

bag ymolchi

edwa

stôl

skele

clorian

adwereɛ ataadeɛ

gŵn baddon

rɔba a yɛde hyɛ nsa ho

menig rwber

tampon

tampon

abɛɛfo amonsen

tywel misglwyf

teɛfi a aduro gum

toiled cemegol

nkwadaa dan mu

ystafell plentyn

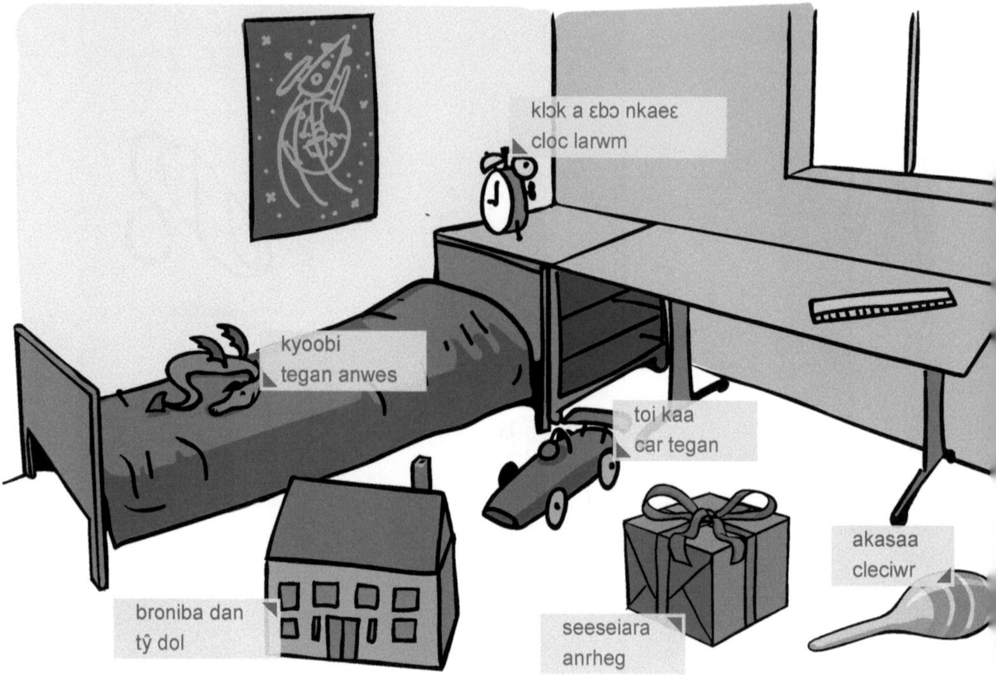

klɔk a ɛbɔ nkaeɛ
cloc larwm
kyoobi
tegan anwes
toi kaa
car tegan
akasaa
cleciwr
broniba dan
tŷ dol
seeseiara
anrheg

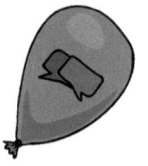

baaluu

balŵn

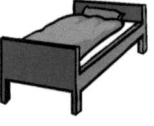

mpa

gwely

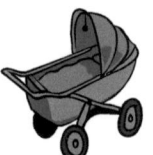

nkwadaa kaa

pram

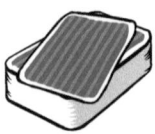

sopaa

pecyn o gardiau

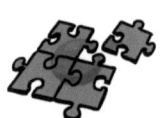

gyiksɔɔ

jig-so

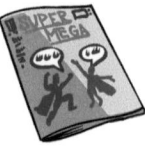

nsɛnkwa

comic

lego blɔg
....
brics Lego

blɔg a yɛde si dan
....
blociau adeiladu

nnipa ɔbɔhye
....
ffigur gweithredu

abɔdoma ataadeɛ
....
babygro

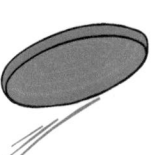

frisbee
....
ffrisbi

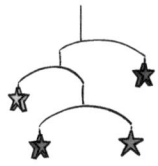

mobail
....
ffôn symudol

ponoso agodie
....
gêm fwrdd

daahye
....
deis

nkwadaa keteke
....
set model trên

koliko
....
teth lwgu

apontoɔ
....
parti

nfonin nwoma
....
llyfr lluniau

bɔɔlo
....
pêl

broniba
....
dol

di agorɔ
....
chwarae

anwea adaka

pwll tywod

adonko

swing

tois

teganau

video agodie apaawa

consol gemau fideo

sakre a ne nan mɛɛnsa

beic tair olwyn

kyoobi

tedi

wɔdropo

cwpwrdd dillad

ntaadeɛ

dillad

sɔks

hosanau

stokens

hosanau

sekentait

teits

duku
sgarff

kyinieɛ
ymbarél

t-hyɛɛt
crys-t

bɛlɛte
gwregys

mpaboa
esgidiau

kyalewate
sliperi

kamboo
esidiau ymarfer

asopatre
sandalau

mpoboa
esgidiau

rɔba mpaboa
esgidiau rwber

ɛtam
trôns

bra
bra

singlɛte
fest

nipadua
corff

trɔsa
trowsus

gyins
jîns

sekɛɛt
sgert

ɛsoro ataadeɛ
blows

hyɛɛte
crys

nkatoho a ɛko awɔ
pwlofer

hoodie
hwdi

koot
blaser

nkatasoɔ
siaced

nkatasoɔ
côt

nsutɔ mu nkataho
côt law

dwumadie bi ho ataadeɛ
gwisg

mmaa atadeɛ
gŵn

ayefrɔ ataadeɛ
gwisg briodas

kootu
....
siwt

mmaa ataadeɛ a yɛde da
....
gŵn nos

pigyamas ataadeɛ
....
pyjamas

sari
....
sari

duku
....
sgarff pen

abotire
....
tyrban

burka
....
bwrca

kaftan
....
cafftan

nkramofoɔ mmaa atadeɛ
....
abaya

adeɛ a yɛde dware nsuo
....
gwisg nofio

asenemu ataadeɛ
....
trowsus nofio

nika
....
siorts

agokansie ntaadeɛ
....
tracwisg

akatasoɔ
....
ffedog

nsa nkataho
....
menig

bɔtom
....
botwm

sopɛɛse
....
sbectol

ahwneɛ
....
breichled

komadeɛ
....
cadwyn

kawa
....
modrwy

asomadeɛ
....
clustdlws

ɛkyɛ
....
cap

yɛde koot sɛn so
....
cambren

ɛkyɛ
....
het

abɔmene mu
....
tei

zip
....
sip

ɛkyɛ denden
....
helmed

bresis
....
fframiau danedd

sukuu ataadeɛ
....
gwisg ysgol

adwuma ataadeɛ
....
gwisg

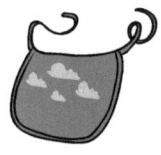

mmɔfra bib

bib

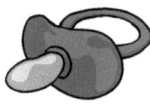

koliko

teth lwgu

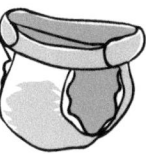

nkwadaa napken

cewyn

asoeɛ

swyddfa

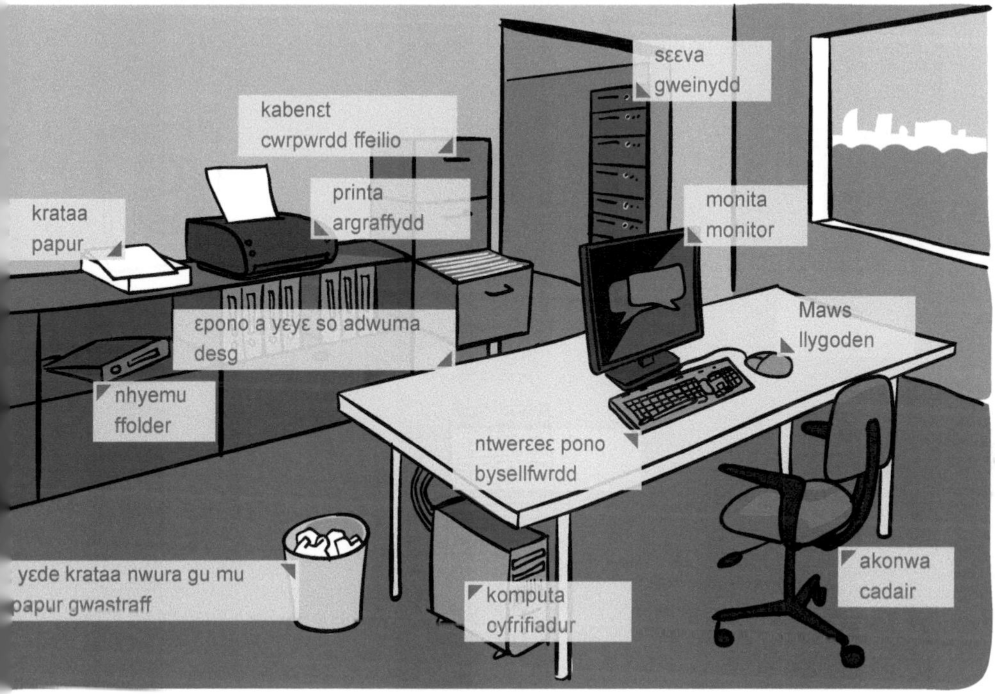
sɛɛva
gweinydd
kabenɛt
cwrpwrdd ffeilio
printa
argraffydd
kurataa
papur
monita
monitor
Maws
llygoden
ɛpono a yɛyɛ so adwuma
desg
nhyemu
ffolder
ntwerɛɛ pono
bysellfwrdd
yɛde krataa nwura gu mu
papur gwastraff
komputa
cyfrifiadur
akonwa
cadair

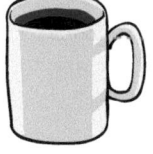

kɔfe kuruwa

mwg coffi

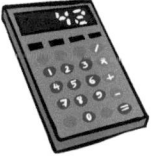

akontabuo fidie

cyfrifiannell

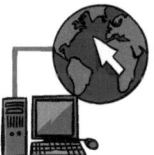

intanɛt

rhyngrwyd

laptop
gliniadur

lɛta
llythyr

nkratɔɔ
neges

mobail kasafidie
ffôn symudol

nɛtwɛke
rhwydwaith

fotokɔpi
llungopïwr

softwɛɛ
meddalwedd

tetefon
teleffon

sɔkɛt
soced plwg

faks afidie
peiriant ffacs

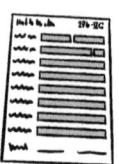

katraa
ffurflen

nkrataa
dogfen

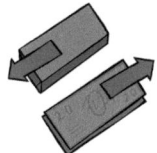

tɔ

prynu

tua

talu

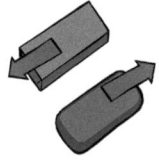

di dwa

masnachu

sika

arian

dollar

doler

euro

ewro

yen

yen

rubel

rwbl

Swiss franks

ffranc y Swistir

renminbi yuan

yuan renminhi

rupii

rwpi

baabi yɛtua sika

peiriant arian

baabi a yɛ sesa sika

swyddfa gyfnewid

sika kɔkɔɔ

aur

dwetɛ

arian

now

olew

ahoɔden

ynni

ne boɔ

pris

kontragye

contract

ɛtoɔ

treth

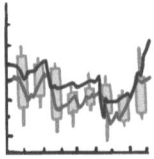

stɔk

stoc

adwuma

gweithio

adwumayɛni

cyflogai

adwumawura

cyflogwr

mfididwuma mu

ffatri

sotɔɔ

siop

nwuma ahodoɔ
swyddi

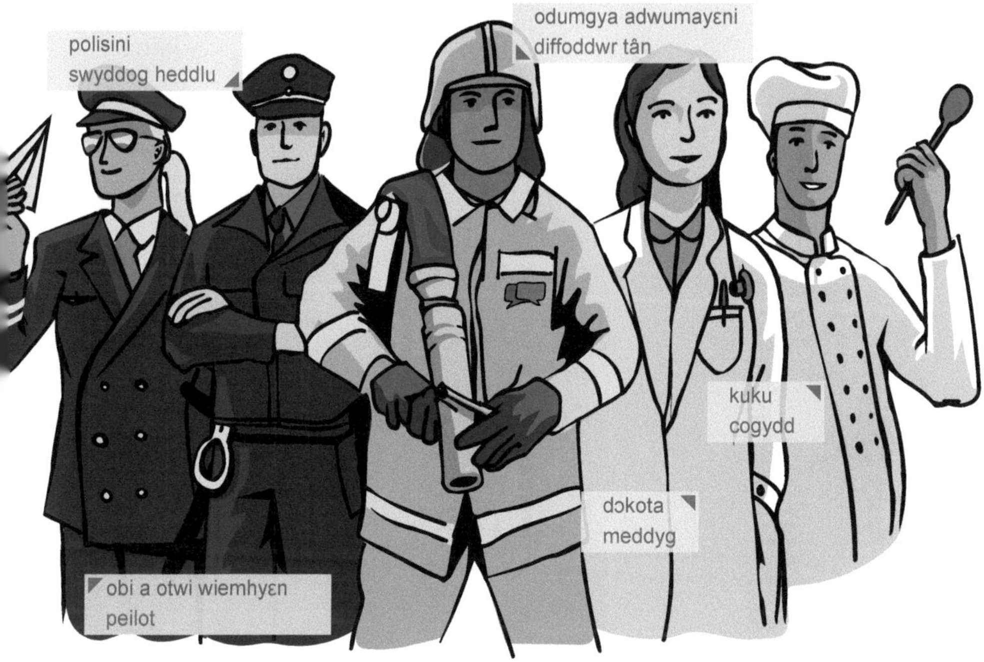
polisini
swyddog heddlu
odumgya adwumayɛni
diffoddwr tân
kuku
cogydd
dɔkota
meddyg
obi a otwi wiemhyɛn
peilot

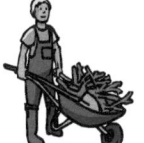

ɔyɛ afuo

garddwr

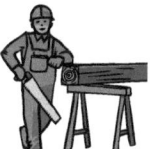

dua dwomfoɔ

saer

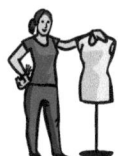

adepani baa

gwniadwraig

atɛnmuafoɔ

barnwr

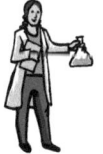

ɔtɔn nnuro

fferyllydd

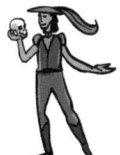

sini yɛfoɔ

actor

bɔs drɔba
gyrrwr bws

taisi drɔba
gyrrwr tacsi

ɔpofoɔ
pysgotwr

ɔbaa a osiesie fie
glanhawraig

ɔbɔdanso
töwr

ɔsom adidieɛ
gweinydd

bɔmɔfoɔ
heliwr

penta
paentiwr

ɔto paano
pobydd

ɔyɛ nkaneɛ ho adwuma
trydanwr

ɔdansifoɔ
adeiladwr

inginia
peiriannydd

ɔdwa nam
cigydd

plɔmba
plymiwr

krataa manefoɔ
dyn y post

sogyani
milwr

ɔdwi adan
pensaer

ɔgyegye sika
ariannwr

ɔtɔn nhwiren
gwerthwr blodau

ɔyɛ tire
triniwr gwallt

meeti
archwiliwr tocynnau
rheilffordd

fitani
mecanydd

nnipa a otwi suhyɛn
capten

ɛsee dɔkota
deintydd

abɔdeɛ mu nimdefoɔ
gwyddonydd

rabi
rabi

kramo panin
imam

ɔsɔfo
mynach

osɔfo
clerigwr

nwuma ahodoɔ - swyddi

55

anwenade
offer

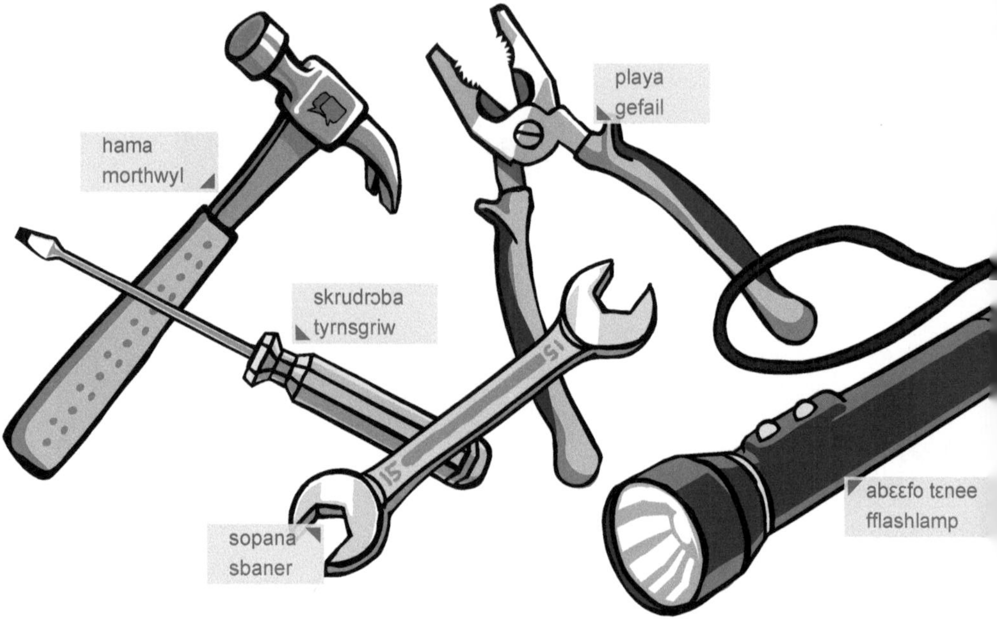
hama
morthwyl
playa
gefail
skrudrɔba
tyrnsgriw
abɛɛfo tɛnee
fflashlamp
sopana
sbaner

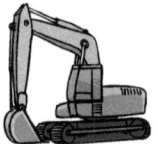

otu amena

turiwr

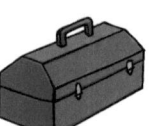

anwenade adaka

blwch offer

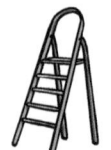

atwedeɛ

ysgol

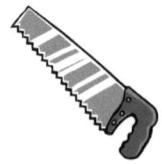

asradaa

llif

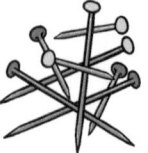

nnadewa

hoelion

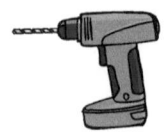

afidie a yɛde bɔne tokro

dril

siesie

trwsio

sofi

rhaw

Ebei!

Daria!

asanwura

rhaw lwch

penti kukuo

pot paent

skruu

sgriwiau

nnɛɛma a yɛde bɔ nwom
offerynnau cerdd

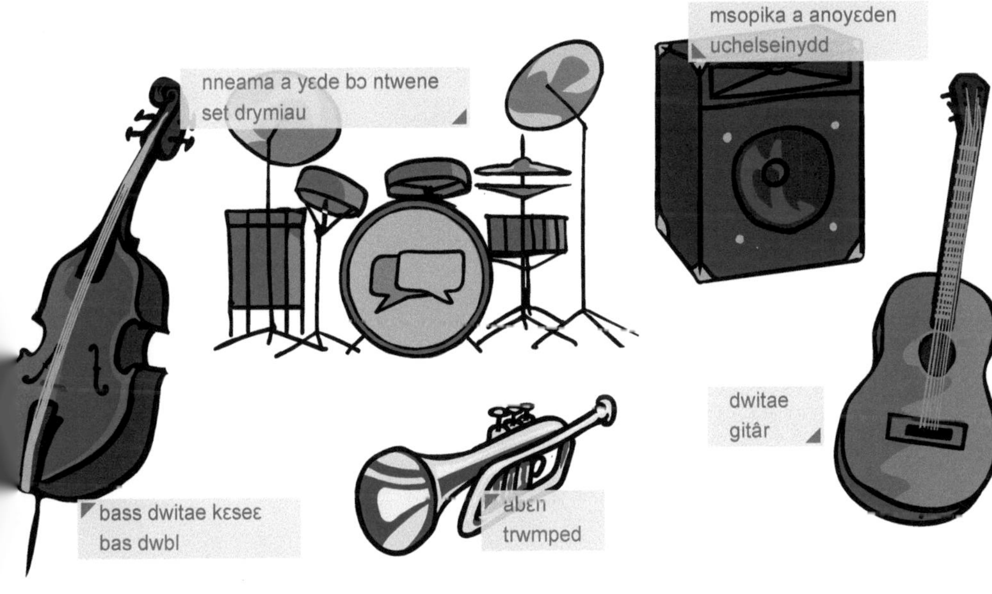

msopika a anoyɛden
uchelseinydd

nneama a yɛde bɔ ntwene
set drymiau

dwitae
gitâr

bass dwitae kɛseɛ
bas dwbl

abɛn
trwmped

sankuo
piano

ahoma sankuo
ffidil

bass dwitae
bas

atumpan
timpani

ntwene
drymiau

ntwerɛeɛ apa
cyweirfwrdd

saksofon
sacsoffon

atentenbɛn
ffliwt

maikrofon
meicroffon

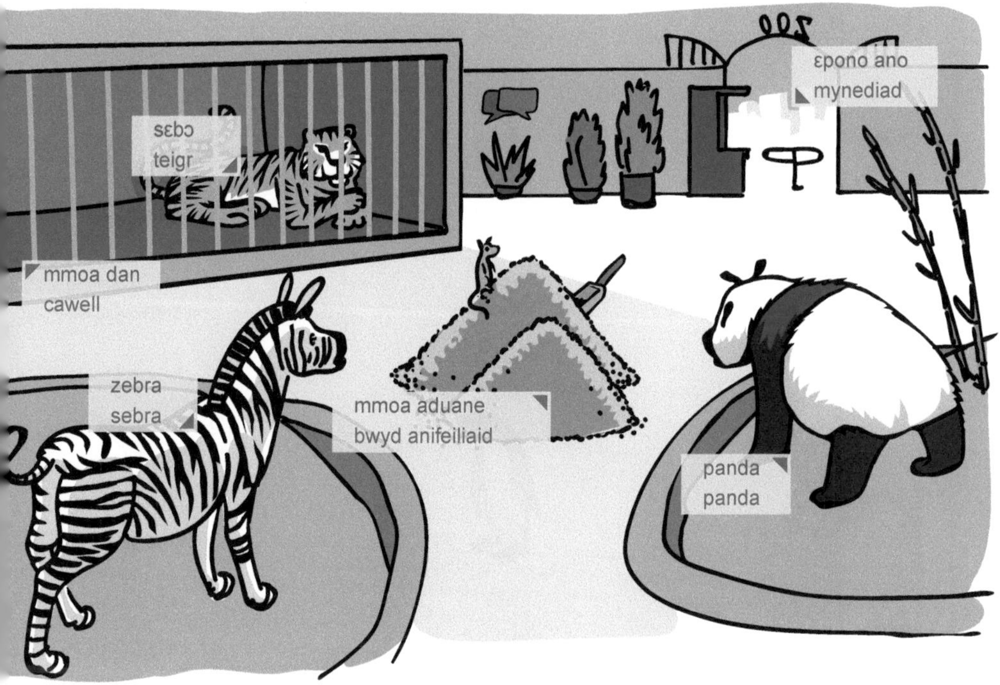

εpono ano
mynediad

sεbɔ
teigr

mmoa dan cawell

zebra
sebra

mmoa aduane
bwyd anifeiliaid

panda
panda

mmoa
anifeiliaid

ɔsono
eliffant

kangaru
cangarŵ

raino
rhinoseros

akatea
gorila

sisire
arth

afunupɔnkɔ

camel

sohori

estrys

gyata

llew

adwee

mwnci

flamingo

fflamingo

ako

parot

awɔ mu sisire

arth wen

penguin

pengwin

oboodede

siarc

akɔkonini abankwa

paun

wɔwɔ

neidr

dɛnkyɛm

crocodeil

nnipa ɛhwɛ zoo so

gofalwr sŵ

nsuo mu gyata

morlo

sebɔ

jagwar

ponkɔ ba

merlyn

etwie

llewpard

susuono

hipo

kontenten

jiráff

ɔkɔdeɛ

eryr

kɔkɔte

baedd

apataa

pysgodyn

sudandan

crwban

walrus

walrws

sakraman

llwynog

ɔtwee

gafrewig

Amerikafoɔ futbɔɔlo
pêl-droed America

skre twie
beicio

tennis
tennis

basketbɔɔlo
pêl-fasged

nsuom adwareε
nofio

akutruku
bocsio

asukɔkyea so hɔki
hoci iâ

futbɔl
pêl-droed

badmintin
badminton

mirikatuo
athletau

bɔɔlo a yεde nsa bɔ
pêl-law

skii
sgïo

polo
polo

nwumadie
gweithgareddau

sere
chwerthin
huri
neidio
bam
cofleidio
nante
cerdded
to dwom
canu
so daeɛ
breuddwydio
bɔ mpaeɛ
gweddïo
fe ano
cusanu

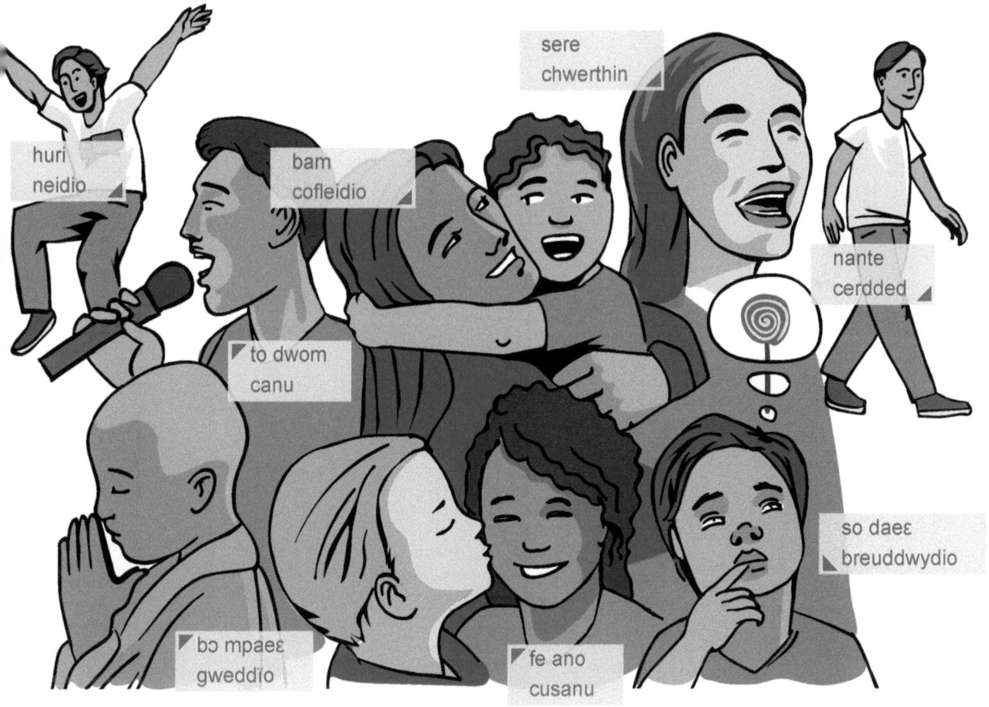

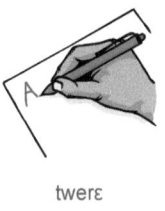

tweɛ

yəgrifənnu

dwi

tynnu

kyerɛ

dangos

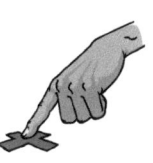

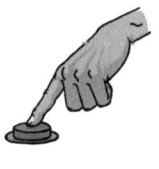

pia

gwthio

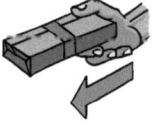

ma

rhoi

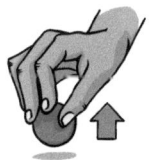

fa

cymryd

nya

bod gan

yɛ

gwneud

yɛ

bod

gyina

sefyll

tu mirika

rhedeg

twe

tynnu

to

taflu

tɔ fam

disgyn

da hɔ

gorwedd

twɛn

aros

soa

cario

tenase

eistedd

hyɛ ataadeɛ

gwisgo amdanoch

da

cysgu

nyane

deffro

hwɛ

edrych ar

su

crïo

san ho

anwesu

nunum

cribo

kasa

siarad

te aseɛ

deall

bisa

gofyn

tie

gwrando

nom

yfed

didi

bwyta

yɛ nsiesie

tacluso

ɔdɔ

çaru

noa

coginio

twi

gyrru

tu

hedfan

fa nsuo so

hwylio

sese

cyfrifo

kenkan

darllen

sua

dysgu

adwuma

gweithio

ware

priodi

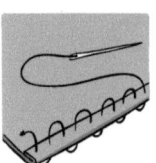

pam

gwnïo

twitwiri wo se

brwsio dannedd

kum

lladd

nom gyot

ysmygu

mane

anfon

nana baa
nain

abɔdoma
baban

maame
mam

nana barima
taid

papa
tad

ba baa
merch

ba barima
mab

ɔhɔhoɔ
gwestai

sewaa
modryb

wofa
ewythr

nua barima
brawd

nua baa
chwaer

nipadua
corff

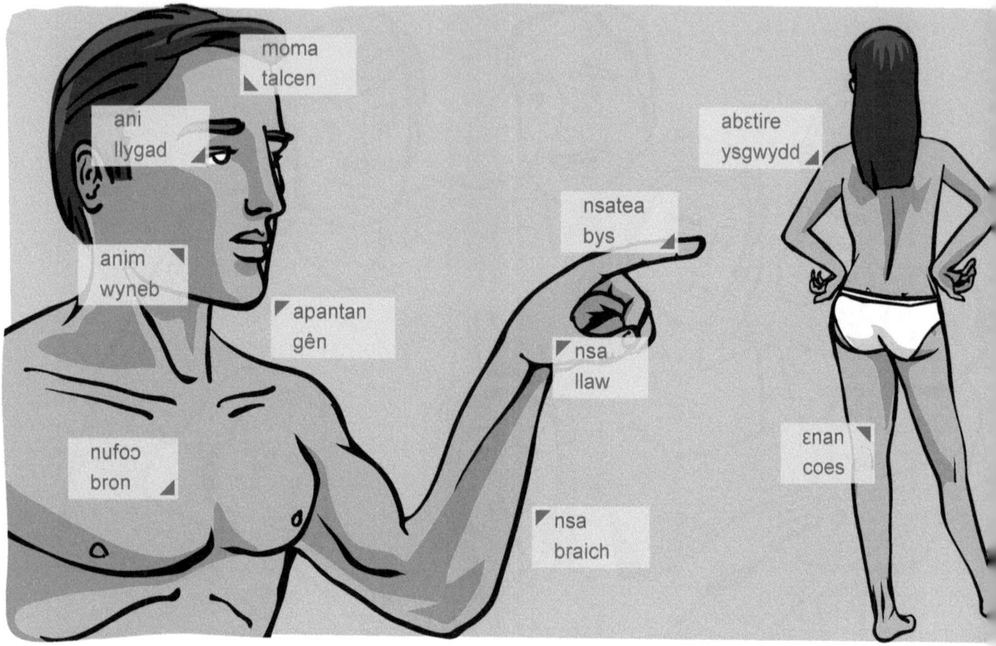

moma
talcen

ani
llygad

abɛtire
ysgwydd

anim
wyneb

nsatea
bys

apantan
gên

nsa
llaw

nufɔɔ
bron

ɛnan
coes

nsa
braich

abɔdoma

baban

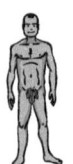

barima

dyn

ɔbaa

gwraig

abayewa

geneth

abarimawa

bachgen

etire

pen

akyi

cefn

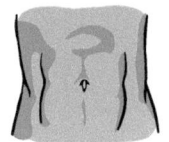

afro

bel

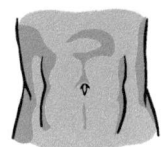

fruma

bogail

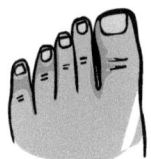

nansoa

bys troed

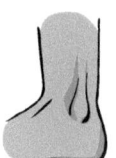

nantini

sawdl

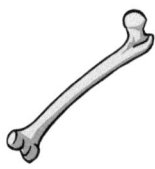

dompe

asgwrn

ataasɔɔ

clun

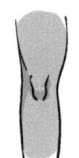

kotodwe

pen-glin

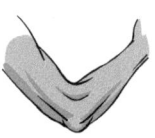

abatwɛ

penelin

ɛhwene

trwyn

ɛtoɔ

pen ôl

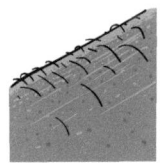

wedeɛ

croen

afono

boch

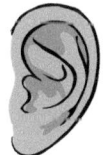

aso

clust

ano

gwefus

nipadua - corff

anom

ceg

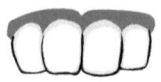

ɛsee

dant

tɛkyerɛma

tafod

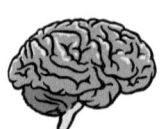

adwene

ymennydd

akoma

calon

ntini

cyhyr

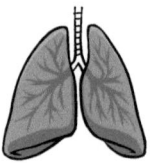

aharawa

ysgyfaint

brɛbɔɔ

iau

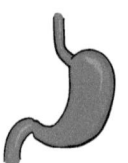

yafunu

stumog

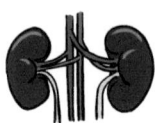

asaa

arennau

nna

rhyw

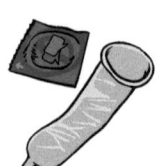

kɔndɔm

condom

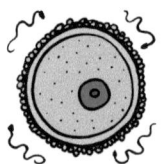

ɔbaa nkosua

ofwm

barima ho nsuo

semen

nyinsɛn

beichiogrwydd

nipadua - corff

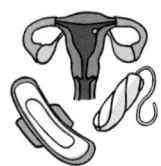

nsabuo

mislif

ɛtwɛ

fagina

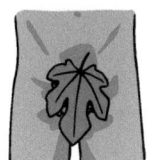

kɔteɛ

pidyn

anintɔn

ael

enwin

gwallt

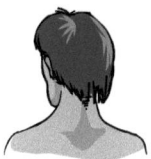

ɛkɔn

gwddf

dokota
meddyg

ɛdan a wɔde putupru nsɛm kɔmu
ystafell argyfwng

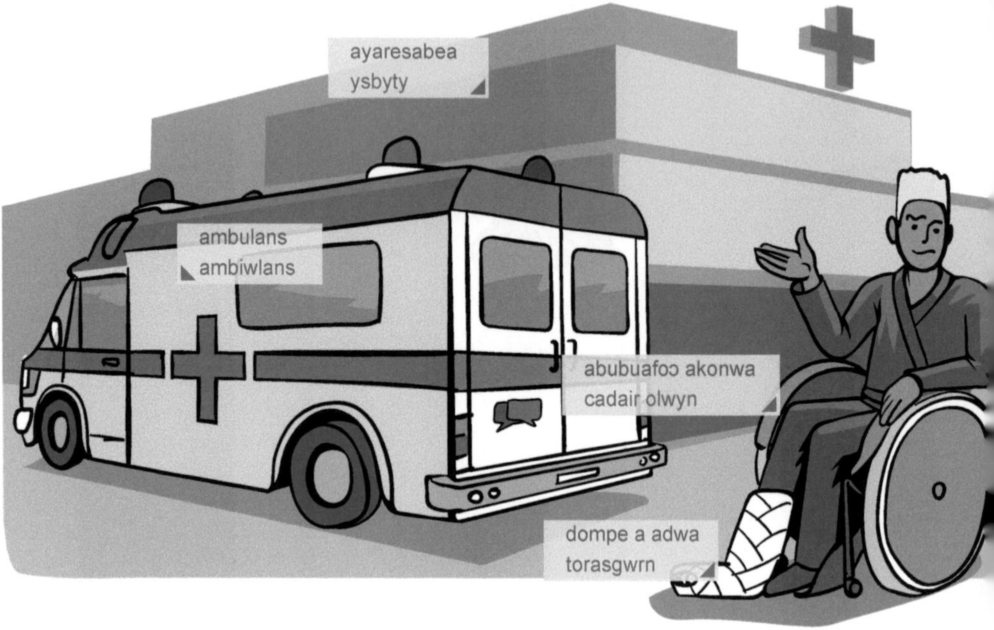

nɛɛse
nyrs

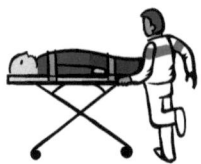

putupru
argyfwng

wɔ atwa ahwe
anymwybodol

yea
poen

epira

anaf

mogyatuo

gwaedu

akoma yarenini

trawiad ar y galon

stroke yareɛ

strôc

allegyi

alergedd

ɛwa

peswch

ahoɔhyeɛ

twymyn

papu

ffliw

ayamtuo

dolur rhydd

tipaeɛ

cur pen

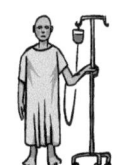

kokoram

canser

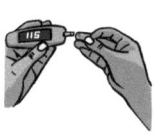

asikyire yareɛ

diabetes

ɔkota a ɛyɛ oprehyɛn

llawfeddyg

skapɛl sekan

fflaim

aprehyɛn

gweithrediad

CT

CT

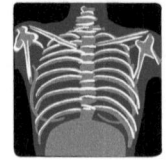

x-ray

pelydr-x

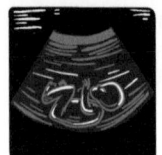

ultrasound

uwchsain

nkatanim

mwgwd wyneb

yarɛ

clefyd

ɛdan a wɔ twɛn mu

ystafell aros

krɔhyes

bagl

plasta

plastr

banege

rhwymyn

panɛɛ

pigiad

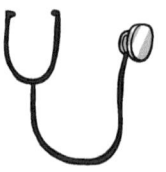

Stetoskop

stethosgop

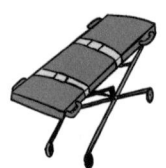

ahomankaa

elorwely

afidie a esusu ahoɔhyeɛ

thermomedr clinigol

awoɔ

genedigaeth

kɛseɛ mmorosoɔ

dros bwysau

afidie a ɛboa asɛmtie

cymorth clyw

aduro a ekum mmoawa

diheintydd

yareɛ a mmoawa deba

haint

vaarɔs

firws

HIV / AIDS

HIV / AIDS

aduro

meddygaeth

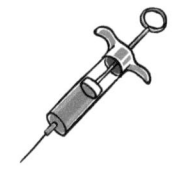

aduro a esi yareɛ ano

brechiad

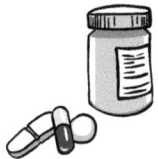

aduro tablɛte

tabledi

topaeɛ

y bilsen

ɔfrɛ wɔ putupru so

galwad frys

afidie a esusu mogya mmrosɔɔ

monitor pwysau gwaed

yareɛ / apomuden

yn sâl / yn iach

Boa me!

Help!

kɔkɔbɔ

larwm

ɛborɔ

ymosodiad

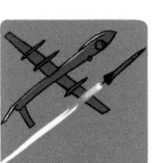

ato ahyɛ obi so

ymosodiad

ɛyɛ hu

perygl

baabi a yɛfa de pue putupru so

allanfa argyfwng

Ogya!

Tân!

afidie a yɛde dumgya

diffoddwr tân

nkwanhyia

damwain

nneɛma yɛde sɔ yareɛ ano

pecyn cymorth cyntaf

SOS

SOS

polisi

heddlu

Yuropo

Ewrop

Amerika atifi

Gogledd America

Amerika ananfɔ

De America

Abiberm

Affrica

Asia

Asia

Australia

Awstralia

Atlantik

Iwerydd

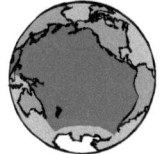

Pasifek

y Môr Tawel

India po kɛseɛ

Cefnfor yr India

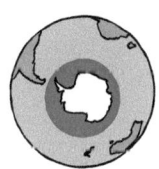

Antaatek po keseɛ

Cefnfor yr Antarctig

Aatek po kɛseɛ

Cefnfor yr Arctig

Ewiase atifi

Pegwn y Gogledd

Ewiase anaafɔ
....
Pegwn y De

Antaatek
....
Antarctica

Ewiase
....
y Ddaear

asaase
....
tir

ɛpo
....
môr

supɔ
....
ynys

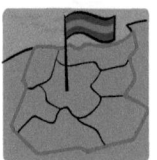

ɔman
....
cenedl

ɔman
....
gwladwriaeth

klɔko no anim

wyneb cloc

dɔnhwere nsa no

bys awr

sima nsa

bys munud

anitɛtɛ nsa no

bys eiliad

Abɔ sɛn?

Faint o'r gloch yw hi?

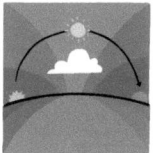

da

dydd

berɛ

amser

seeseiara

yn awr

wkye a nɔma wɔ so

cloc digidol

sima

munud

dɔnhwere

awr

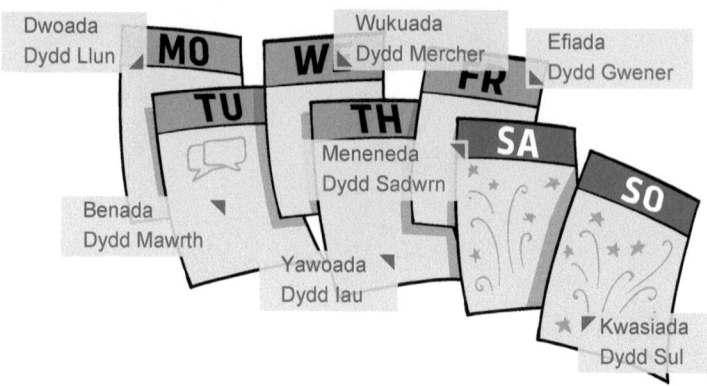

Dwoada
Dydd Llun

Wukuada
Dydd Mercher

Efiada
Dydd Gwener

Benada
Dydd Mawrth

Meneneda
Dydd Sadwrn

Yawoada
Dydd Iau

Kwasiada
Dydd Sul

ɛnora
ddoe

ɛnora
heddiw

ɔkyina
yfory

anɔpa
bore

prɛmtobrɛ
canol dydd

anwumerɛ
noswaith

adwuma nna
diwrnodiau busnes

nnawɔtwe awieɛ
penwythnos

afe

blwyddyn

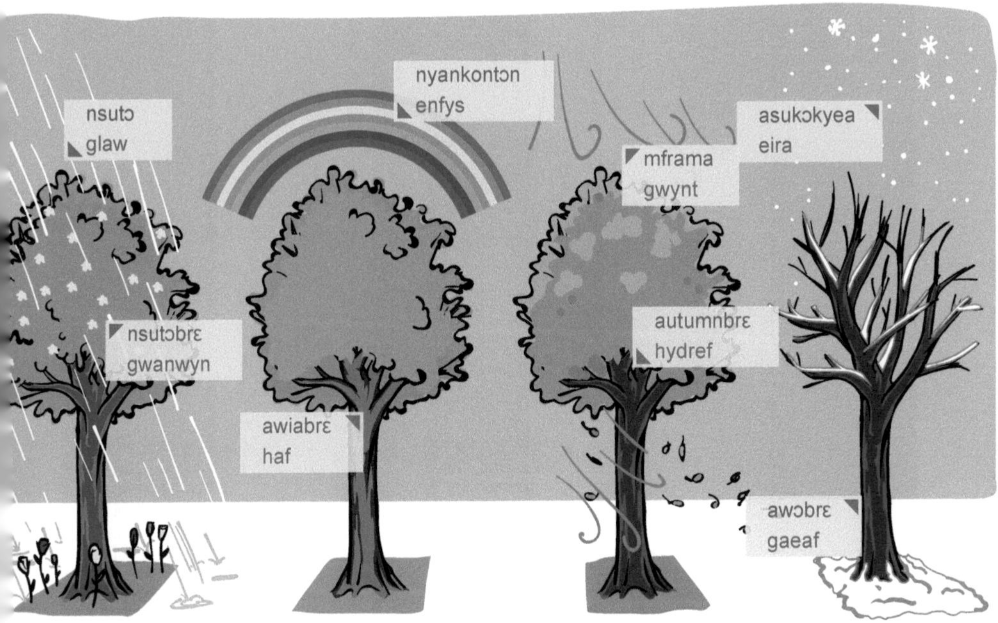

nsutɔ
glaw
nyankontɔn
enfys
mframa
gwynt
asukɔkyea
eira
nsutɔbrɛ
gwanwyn
awiabrɛ
haf
autumnbrɛ
hydref
awɔbrɛ
gaeaf

4.APRIL 11°
5.APRIL 4°
6.APRIL 13°
7.APRIL 8°
8.APRIL 10°

ewiem nsakrɛɛɛ

rhagolygon y tywydd

F
C
120
90
60
30
0
-30
40
30
20
10
0
-10
-20

afidie a esusu ade ho hyeɛ

thermomedr

awiabo

heulwen

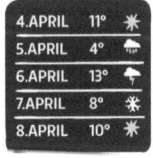

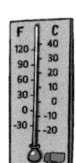

munukum

cwmwl

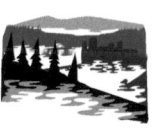

ɛbɔ

niwl tew

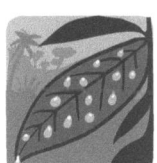

ewiem nsuo

lleithder

ayerɛmo

mellt

apranaa

taranau

ehum

storm

asukɔkyea

cenllysg

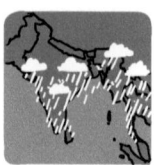

monsoonbrɛ

monsŵn

nsuyiri

llif

aise

iâ

ɔpɛpɔn

Ionawr

ɔgyefoɔ

Chwefror

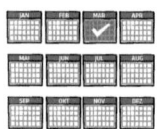

ɔbɛnem

Mawrth

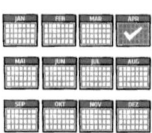

Oforisuo

Ebrill

Kotonimaa

Mai

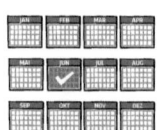

Ayɛwohomumu

Mehefin

Kitawonsa

Gorffennaf

ɔsanaa

Awst

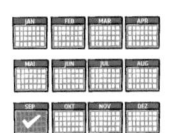

εbɔ
....
Medi

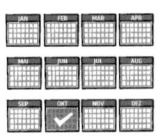

Ahinime
....
Hydref

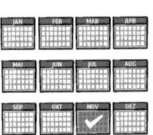

Obubuo
....
Tachwedd

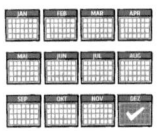

ɔpɛnimaa
....
Rhagfyr

abosuo
siapiau

kanko
....
cylch

sokwɛɛ
....
sgwâr

rɛktangel
....
petryal

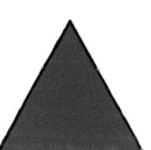

triangel
....
triongl

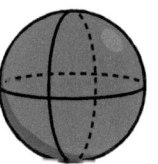

krukruwa
....
sffêr

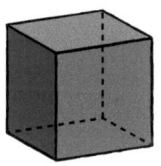

adaka
....
ciwb

fitaa

gwyn

akokɔ sradeɛ

melyn

ankaa

oren

pink

pinc

kɔkɔɔ

coch

pɛpol

porffor

bruu

glas

ahaban mono

gwyrdd

braun

brown

nson

llwyd

tuntum

du

pii / ketewa

llawer / ychydig

wo boafu / wɔ adwo

dig / tawel

ɛyɛ fɛ / ɛyɛ tan

hardd / hyll

ahyɛseɛ / awieɛ

dechrau / diwedd

kɛseɛ / esua

mawr / bach

ɛha / esum

llachar / tywyll

nuabarima / nuabaa

brawd / chwaer

ɛho te / ayɛ fin

glân / budr

awie / enwieɛ

gyflawn / anghyflawn

awia / anadwo

dydd / nos

awu / ɛte ase

farw / yn fyw

emubae / ɛyɛ tea

eang / cul

yɛde /yɛnni

bwytadwy / anfwytadwy

bɔne / tema

drwg / caredig

wɔ aniagye / wɔ ani nka

llawn cyffro / diflasu

ɔso / teatea

tew / tenau

edikan / etwatoɔ

cyntaf / olaf

adamfoɔ / atamfo

cyfaill / gelyn

ayɛ mma / hwee nim

llawn / gwag

ɛdenden / mmerɛ mmerɛ

caled / meddal

ɛyɛ duru / ɛyɛ ha

trwm / ysgafn

ɛkɔm / nsukɔm

wedi newynnu / yn sychedig

yareɛ / apomuden

yn sâl / yn iach

etia mmara / ɛwɔ mmara mu

anghyfreithlon / cyfreithiol

nyansa / gyimi

deallus / twp

benkum / nifa

chwith / dde

ɛbɛn / akyire

agos / pell

foforɔ / dada

wydd / wedi'i ddefnyddio

hwee / biribi

dim / rhywbeth

wɔ anyini/ ɔsua

hen / ifanc

sɔ /dum

ymlaen / i ffwrdd

bue / tom

ar agor / ar gau

dinn / dede

tawel / uchel

ɔdefoɔ / ohia

cyfoethog / tlawd

nifa / benkum

cywir / anghywir

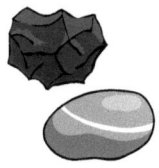

werewerɛwerewerɛ / trɔntrɔn

garw / llyfn

awerɛhoɔ / anigyeɛ

trist / hapus

tietia / tenten

byɪ / hir

nyaa / ntɛm

araf / cyflym

afɔ / awɔ

gwlyb / sych

dedɛɛdeɛɛ / adwo

cynnes / claear

akoo / asomdweɛ

rhyfel / heddwch

0	**1**	**2**
hwee	baako	mienu
sero	un	dau

3	**4**	**5**
meɛnsa	ɛnan	enum
tri	pedwar	pump

6	**7**	**8**
nsia	nson	nwɔtwe
chwech	saith	wyth

9	**10**	**11**
nkron	edu	du-baako
naw	deg	un deg un

12

du-mienu

un deg dau

13

du-meɛnsa

un deg tri

14

du-nan

un deg pedwar

15

du-num

un deg pump

16

du-nsia

un deg chwech

17

de-nson

un deg saith

18

du-nwɔtwe

un deg wyth

19

du-nkron

un deg naw

20

aduonu

dau ddeg

100

ɔha

cant

1.000

apem

mīl

1.000.000

ɔpepem

miliwn

Brɔfo

Saesneg

Amerikafoɔ Brɔfo

Saesneg America

Chainfoɔ Mandarin

Tsieinëeg Mandarin

Hindi

Hindi

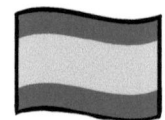

Spainfoɔ kasa

Sbaeneg

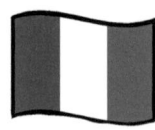

French kasa

Ffrangeg

Arabia kasa

Arabeg

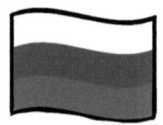

Russianfoɔ kasa

Rwseg

Portugalfoɔ kasa

Portiwgaleg

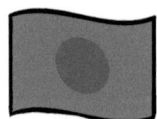

Bengali

Bengali

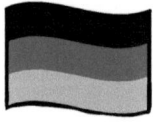

Germanfoɔ kasa

Almaeneg

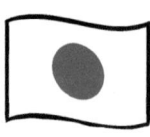

Japanfoɔ kasa

Siapanaeg

Me

fi

wo

ti

ono

ef / hi

yɛn

ni

wo

chi

ɔmmo

nhw

hwan?

pwy?

deɛ bɛn?

beth?

ɛyɛ deɛn?

sut?

ehen?

ble?

dabɛn?

pryd?

edin

enw

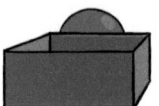

akyire

y tu ôl i

emu

yn / yng / ym / mewn

anim

o flaen

ɛsoro

dros

ɛso

ar

aseɛ

dan

nkyɛn

wrth ochr

ntɛm

rhwng

beaɛ

lle

uchoraji

nîgar

brashi ya rangi

firçeya rengê

sanduku la rangi

qûtî reng

mkasi

meqes

gundi

lezaq

daftari

pirtûka fêrbûn

kazi ya nyumbani

wezîfa malê

nambari

hejmar

jumlisha

zêdekirin

ondoa

derxistin

zidisha

zêdekirin

kokotoa

hesibandin

barua

tîp

alfabeti

alfabe

neno

peyv

maandishi
nivîsê

kusoma
xwandin

chaki
geç

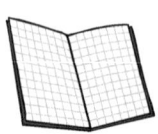
somo
ders

sajili
qeydkirin

uchunguzi
îmtîhan

cheti
şehade

sare za shule
kinca dibistanê

elimu
perwerdehî

elezo
zanistname

chuo kikuu
zanîngeh

darubini
mîkroskûp

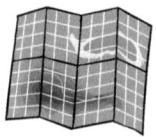
ramani
xerîte

kikapu cha kuweka karatasi
chafu
sepeta kaxezê

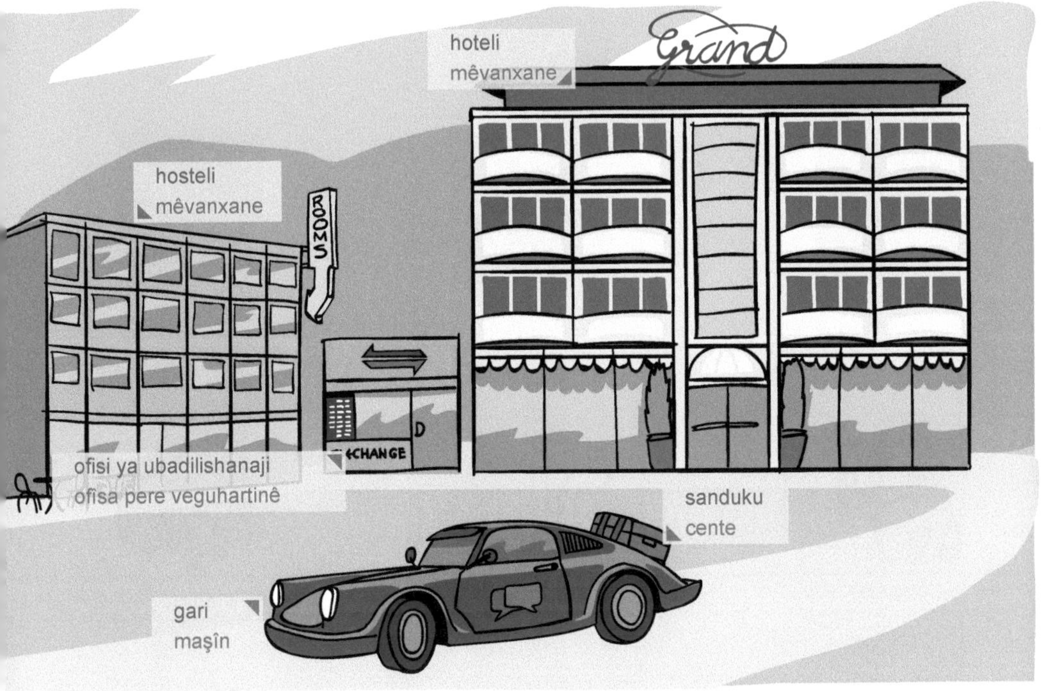

hoteli
mêvanxane
Grand
hosteli
mêvanxane
ROOMS
EXCHANGE
ofisi ya ubadilishanaji
ofîsa pere veguhartinê
sanduku
cente
gari
maşîn

lugha
ziman

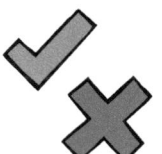

ndiyo / la
belê / na

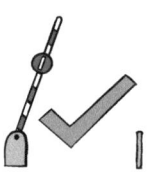

sawa
baş

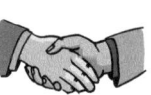

hujambo
silav

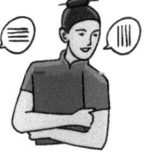

mtafsiri
wergêra nivîskî

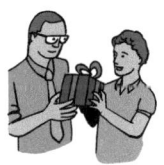

Asante
sipas

kiasi gani ni ...?

bihayê ... çi qase?

Sielewi

ez fam nakim

tatizo

pirsgirêk

Jioni njema!

êvarbaş!

Habari za asubuhi!

beyanî baş!

Usiku mwema!

şev baş!

kwa heri

xatirê te

mwelekeo

alî

mizigo

hûrmûr

mfuko

çente

shanta

çente pişt

mgeni

mêvan

chumba

ode

begi la kulalia

came xew

hema

çadir

taarifa ya utalii

agagiyên gerokan

ufuo

rexê avê

kadi

kartê qerzê

kifunguakinywa

taştê

chakula cha mchana

firavîn

chakula cha jioni

şîv

tiketi

kart

kuinua

asansor

muhuri

pûl

mpaka

tixûb

mila

gumirk

ubalozi

balyozxane

visa

vîza

pasipoti

pasaport

usafiri

guhaztin

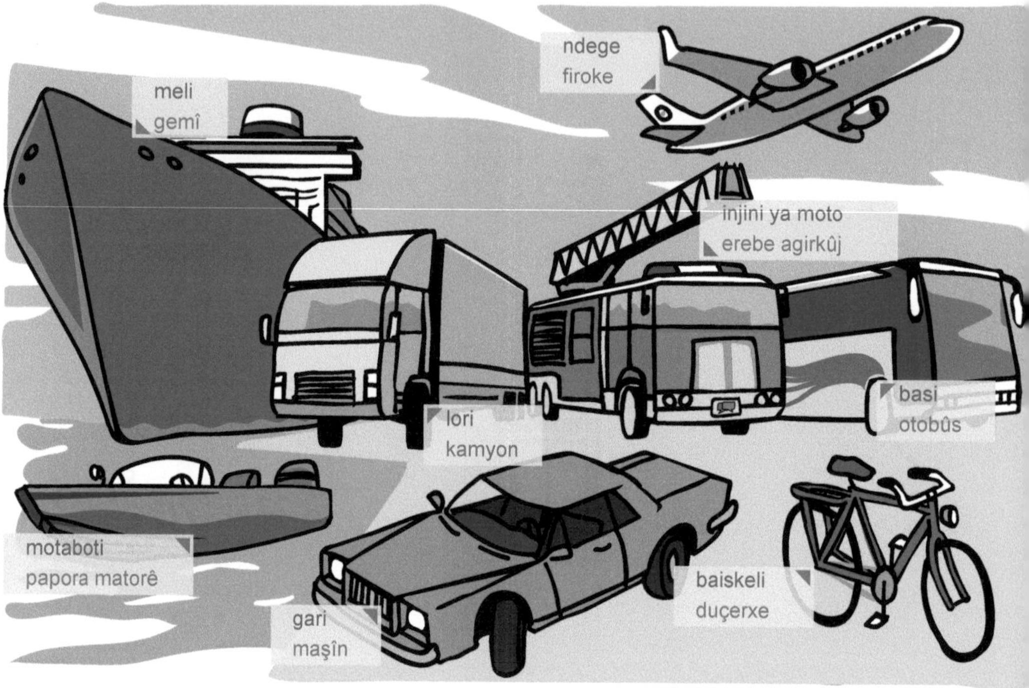

ndege
firoke
meli
gemî
injini ya moto
erebe agirkûj
basi
otobûs
lori
kamyon
motaboti
papora matorê
baiskeli
duçerxe
gari
maşîn

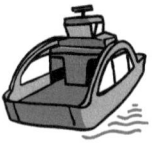

feri

papor

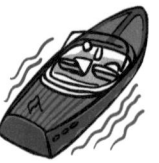

mashua

papor

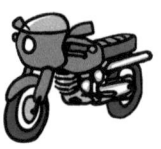

pikipiki

motorsîklêt

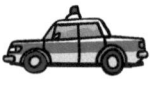

gari la polisi

trimbêla polîsê

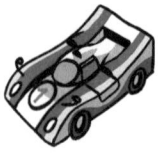

gari la mashindano

trimbêla pêşbaziyê

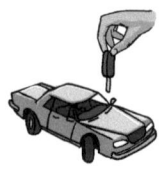

gari la kukodisha

erebe kirêkirinê

kushiriki gari

maşîn pervekirin

lori la kuvuta

kamyona kişandinê

ukusanyaji taka

kamyona xwelî

motor

motorsîklêt

mafuta

mazot

kituo cha mafuta

îstegeha benzînê

ishara trafiki

tabloya tirafîkê

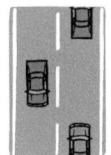

trafiki

hatinûçûn

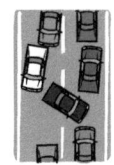

msongamano

tirafîk

maegesho

cihê parkê

kituo cha treni

rawesteka trênê

reli

rêç

garimoshi

trên

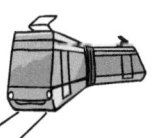

tremu

trênê kolanê

gari la mizigo

erebe

helikopta
babirok

uwanja wa ndege
balafirgeh

mnara
birc

abiria
misafir

chombo
qûtî

katoni
qûtî

mkokoteni
girgirok

kikapu
selik

ondoka
rabûn / nîştin

jiji
bajar

kijiji
gund

katikati ya jiji
navenda bajarê

nyumba
xanî

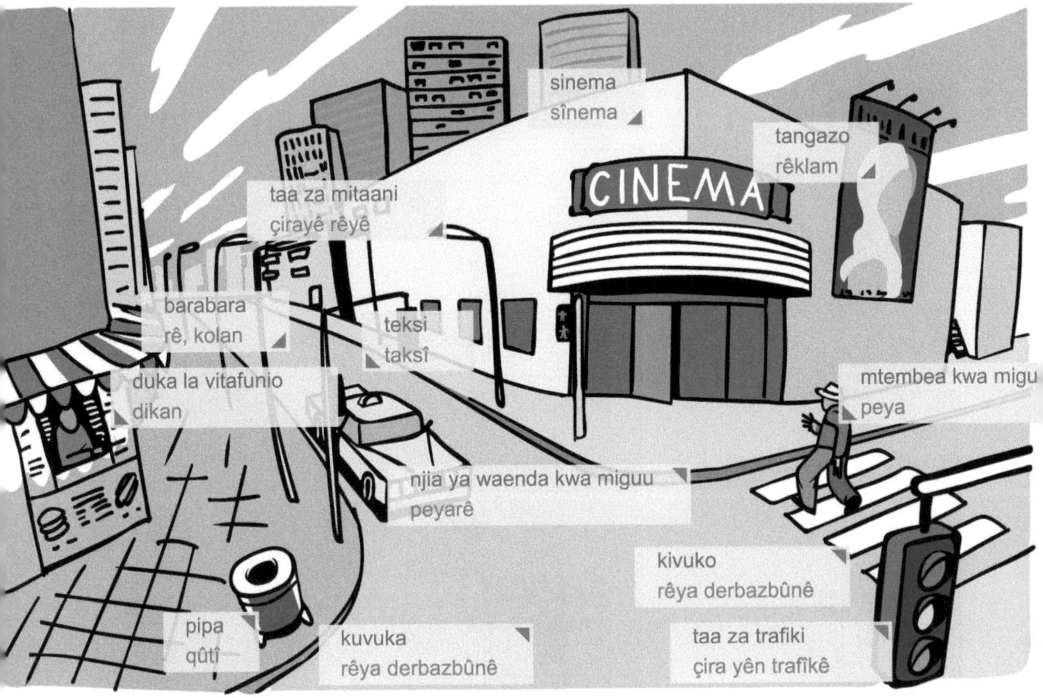

sinema
sînema

tangazo
rêklam

taa za mitaani
çirayê rêyê

CINEMA

barabara
rê, kolan

teksi
taksî

duka la vitafunio
dikan

mtembea kwa migu
peya

njia ya waenda kwa miguu
peyarê

kivuko
rêya derbazbûnê

pipa
qûtî

kuvuka
rêya derbazbûnê

taa za trafiki
çira yên trafîkê

kibanda

kox

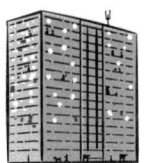

gorofa

xanî

kituo cha treni

rawesteka trênê

ukumbi wa mji

telara şarevanî

Makavazi

mûzexane

shule

dibistan

chuo kikuu
zanîngeh

benki
bank

hospitali
nexweşxane

hoteli
mêvanxane

duka la dawa
dermanxane

ofisi
ofîs

duka la kitabu
kitêbfiroşî

duka
dikan

duka la maua
gulfiroş

dukakuu
bazar

soko
bazar

idara ya kuhifadhi
supermarket

mwuza samaki
masîfiroş

kituo cha ununuzi
navenda kirrîn

bandari
bender

Hifadhi
park

benki
sekû

daraja
pir

vidato
derince

chini ya ardhi
jêr erdê

handaki
tunnel

kituo cha mabasi
îstgeha otobûs

bar
bar

mgahawa
xwaringeh

sanduku la posta
sindûqa postê

ishara ya barabara
nîşanderka rêyê

mita ya maegesho
metra parkîngê

bustani ya wanyama
baxça heywanan

kidimbwi cha kuogelea
hewza melevanî

msikiti
mizgeft

shamba
cotgeh

uchafuzi
lewitandina derdor

makaburini
goristan

kanisa
kenîse

uwanja wa michezo
erdê leyistinê

hekalu
perestgeh

mazingira

tebîet

jani
gela

ishara ya mwelekeo
nîşanderka rê

njia
rê

malisho
mêrg

jiwe
kevir

mtembeaji wa masafa
gerok

mti
dar

mto
çem

nyasi
giya

ua
kulîlk

bonde
dol

kilima
gir

ziwa
gol

msitu
daristan

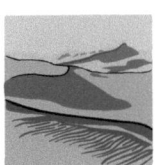

jangwa
beyaban

volkano
volkan

ngome
keleh

upinde wa mvua
keskesor

uyoga
kivark

mtende
darqesp

mbu
mixmixk

kuruka
mêş

chungu
mêrî

nyuki
hing

buibui
pîrê

mazingira - tebîet

15

mende

kêzik

chura

beq

kuchakuro

sihor

nungunungu

jîjok

sungura

kerguh

bundi

pepûk

ndege

çivîk

swan

qû

nguruwe mwitu

berazê kovî

kulungu

pezkovî

aina ya kongoni

pezkovî

bwawa

bendav

tabo ya upepo

tûrbîna ba

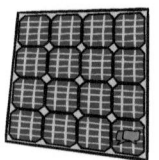

nishaji ya jua

panela xorê

hali ya hewa

av û hewa

mgahawa
xwaringeh

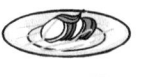

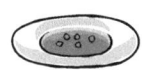

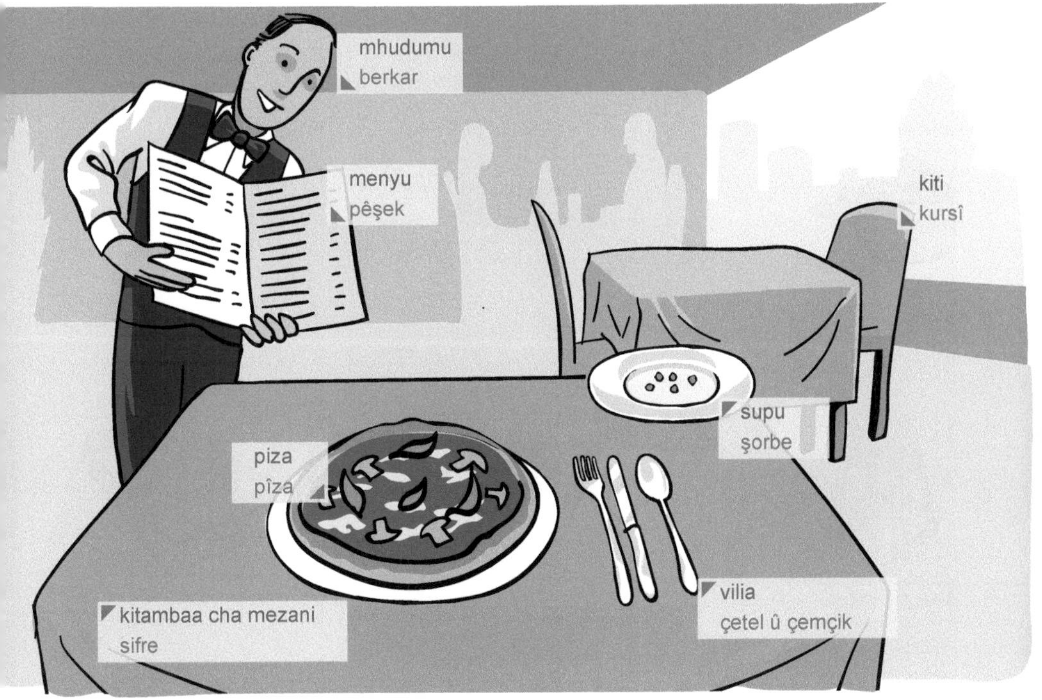

mhudumu
berkar
menyu
pêşek
kiti
kursî
supu
şorbe
piza
pîza
vilia
çetel û çemçik
kitambaa cha mezani
sifre

kiamsha hamu
xwarina destpêk

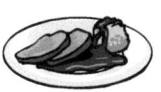

kozi kuu
xwarina serekî

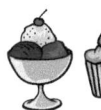

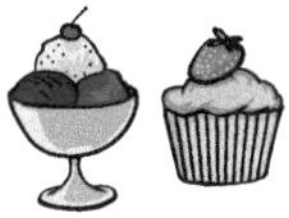

kitindamlo
şêranî

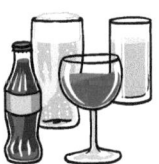

vinywaji
vexwarinan

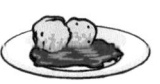

chakula
xwarin

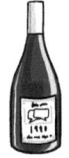

chupa
cam

chakula cha haraka

xwarina lez

Streetfood

xwarina rêyê

buli

çaydanik

kisanduku cha sukari

qûtî şekirê

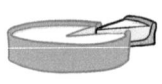

sehemu

beş

mashine ya espresso

mekîna çêkirinê espresso

kiti kirefu

kursiya bilînd

muswada

hesab

trei

sênî

kisu

kêr

uma

çetel

kijiko

kevçî

kijiko cha chai

kevçiya çay

nepi

pêşgir

glasi

qedeh

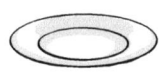

sahani
teyfik

sahani ya supu
teyfika şorbe

sufuria
piyale

mchuzi
çênc

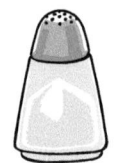

kichanyaji chumvi
xwêdank

kinu cha pilipili
qûtî bîbar

siki
sêk

mafuta
rûn

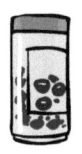

viungo
biharat

kechapu
ketçap

haradali
mustard

kachumbari nzito
mayonêz

dukakuu
bazar

ofa maalum
pêşkêşên taybet
mteja
mişterî
maziwa
şîremenî
FOR
matunda
fêkî
toroli
erebe

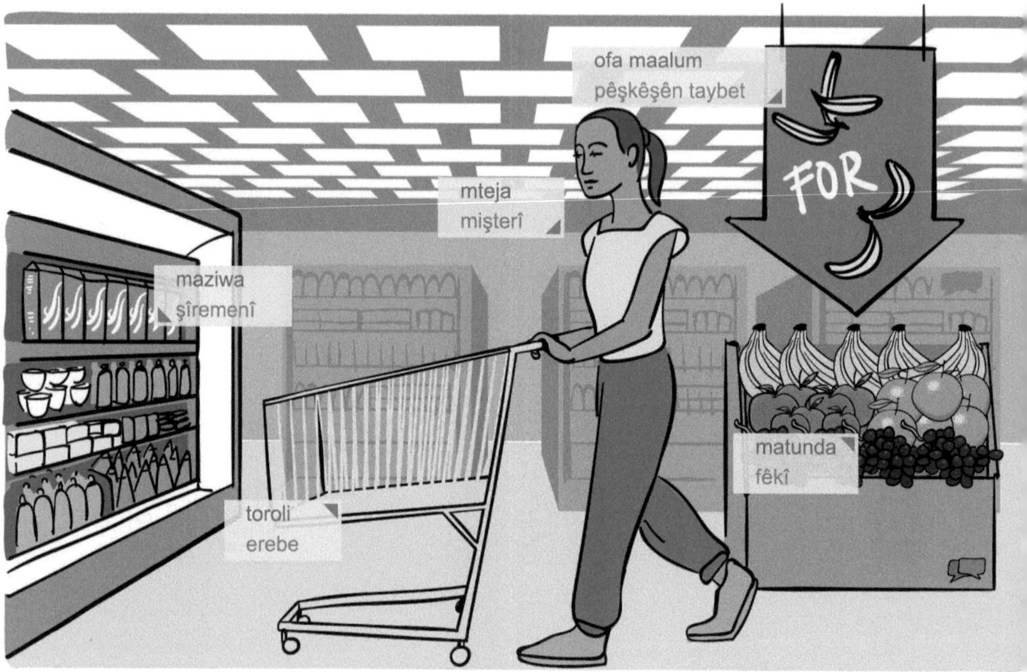

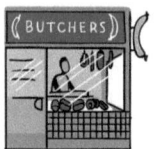

BUTCHERS

mchinjaji

qesabî

BAKERY

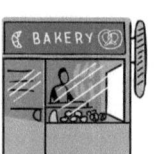

mwokaji

dikana nanpêj

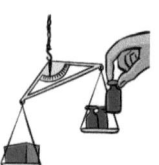

uzito

wezin kirin

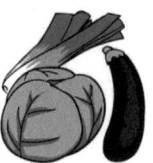

mboga

sebze

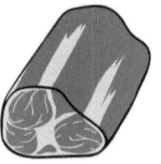

nyama

goşt

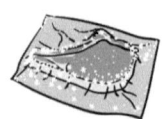

chakula waliohifadhiwa

xwarinê cemedî

vipande vya nyama baridi

goştê sar

chakula cha kopo

xwarina pîlê

sabuni ya unga

xubarê paqijkirinê

pipi

şirînî

bidhaa za kaya

berhemên navxweyî

bidhaa za kusafisha

berhemên paqijkirinê

mtu mauzo

firoşyar

mpaka

xeznok

keshia

diravgir

orodha ya manunuzi

lista kirrînê

masaa ya ufunguzi

demên vekirî

mkoba

cizdan

kadi

kartê qerzê

mfuko

çewal

mfuko wa plastiki

çente

maji

av

sharubati

şerbet

maziwa

şîr

coke

komir

mvinyo

şerab

bia

bîra

pombe

alkol

kakao

kakwo

chai

çay

kahawa

qehwe

spreso

espresso

kapuchino

kapoçîno

ndizi

moz

tufaha

sêv

machungwa

pirteqalî

tikiti

gundor

lemon

lîmon

karoti

gêzer

kitunguu saumu

sîr

mianzi

qamir

kitunguu

pîvaz

uyoga

qarçik

karanga

gewîz

nudo

şihîre

spageti

spagêttî

mpunga

birinc

saladi

selete

vibanzi

çîps

viazi vya kukaanga

peteteya biraştî

piza

pîza

hambaga

hamburger

sandwichi

nanok

kipande

goştê stûyê berxî

paja la mnyama

goştê hişkkirî

salami

salamê

soseji

sosîs

kuku

mirîşk

choma

bijartin

samaki

masî

oats ya uji

şorbe bilûl

muesli

mûslî

cornflakes

kertên gilgilan

unga

ard

kroisanti

croissant

andazi

semûn

mkate

nan

mkate wa kubanika

tost

biskuti

nanik

siagi

nivîşk

maziwa mgando

mast

keki

kulîçe

yai

hêk

yai kukaanga

hêka qelandî

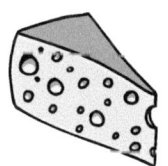

jibini

penîr

aiskrimu

dondirme

sukari

şekir

asali

hingiv

jemu

mireba

kuenea kwa chokoleti

xameya nougat

mchuzi wa viungo

kurrî

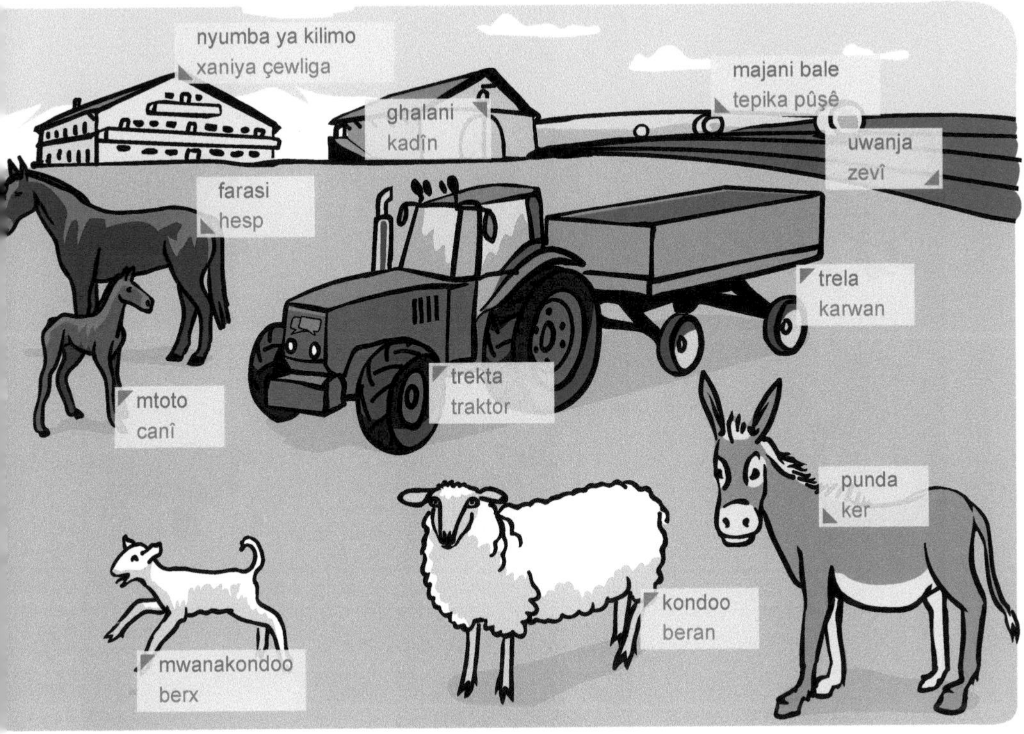

nyumba ya kilimo
xaniya çewliga

majani bale
tepika pûşê

ghalani
kadîn

uwanja
zevî

farasi
hesp

trela
karwan

mtoto
canî

trekta
traktor

punda
ker

mwanakondoo
berx

kondoo
beran

mbuzi

bizin

ng'ombo

çêlek

ndama

golik

nguruwe

beraz

mwananguruwe

xinzîrk

fahali

boxe

batabukini

qaz

bata

miravî

kifaranga

cûçik

kuku

mirîşk

jogoo

keleşêr

panya

circ

paka

kitik

panya

mişk

ng'ombe

ga

mbwa

kûçik

nyumba ya mbwa

xaniya kûçikê

bomba la bustani

xanî baxê

debe la kumwagilia maji

qûtîka avdanê

fyekeo

şalûk

kulima

gasin

28   shamba - cotgeh

mundu
das

jembe
merbêr

uma wa nyasi
darsapik

shoka
bivir

toroli
destgere

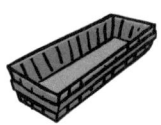

kupitia nyimbo
qûtî xwarina candaran

chombo cha maziwa
qûtî şîr

gunia
tûr

ua
çeper

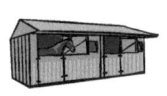

imara
axur

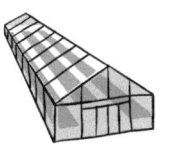

chafu
xana kulîlkan

udongo
ax

mbegu
dendik

mbolea
peyn

kivunaji
kombayn

mavuno

zad

mavuno

zad

viazi vikuu

petete

ngano

genim

soya

fasolî

viazi

petete

mahindi

dexl

rapa

dindik

mti wa matunda

darê fêkî

muhogo

sêvê bin erdê

nafaka

zad

nyumba
xanî

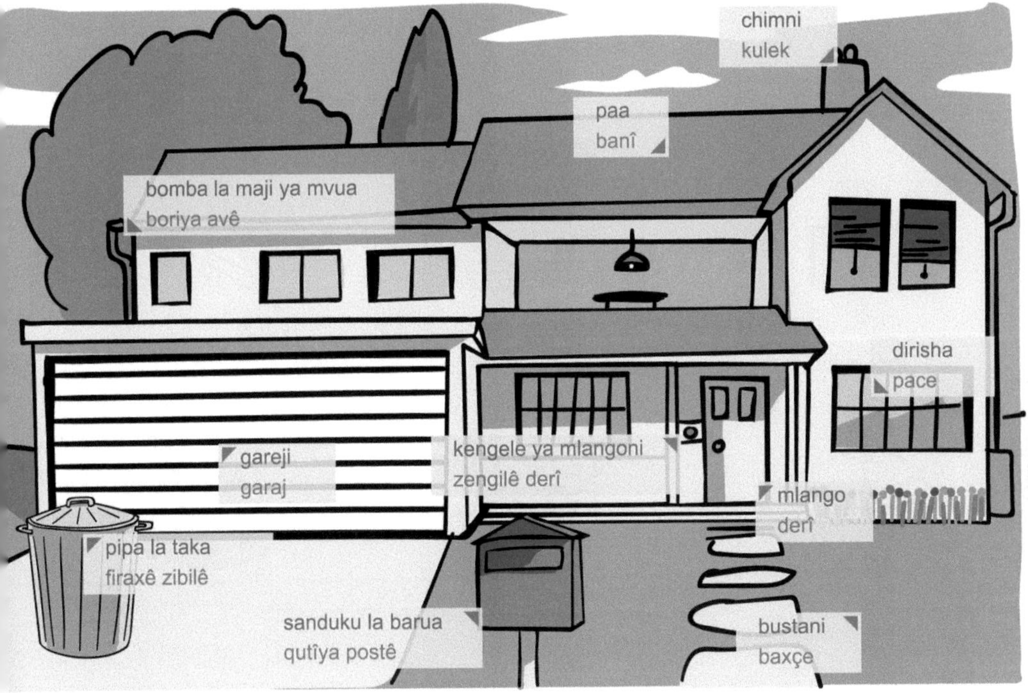
chimni
kulek
paa
banî
bomba la maji ya mvua
boriya avê
dirisha
pace
gareji
garaj
kengele ya mlangoni
zengilê derî
mlango
derî
pipa la taka
firaxê zibilê
sanduku la barua
qutîya postê
bustani
baxçe

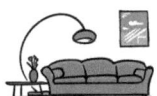

sebuleni
oda rûniştinê

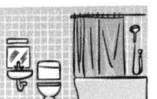

bafu
hemam

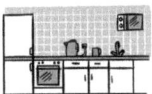

jikoni
metbex

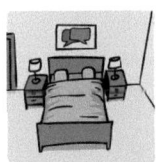

chumba cha kulala
oda xewê

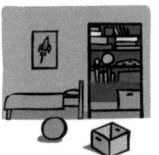

chumba ya mtoto
odeya zarok

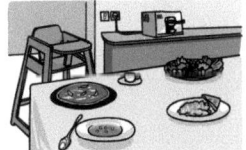

chumba cha kulia
oda şîvê

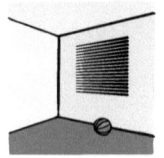

sakafu
binî

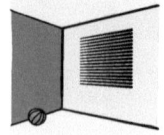

ukuta
dîwar

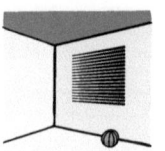

dari
berban

pishi
xenzik

sauna
sauna

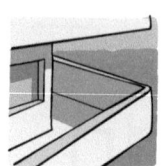

roshani
balkon

mtaro
berdanik

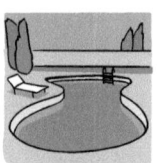

kidimbwi
hewza melevanî

mashine ya kukata nyasi
çîmen birr

karatasi
melhefe

kitambaa cha kupamba
kitanda
betanî

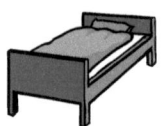

kitanda
nivîn

ufagio
gezik

ndoo
satil

kubadili
kilîl

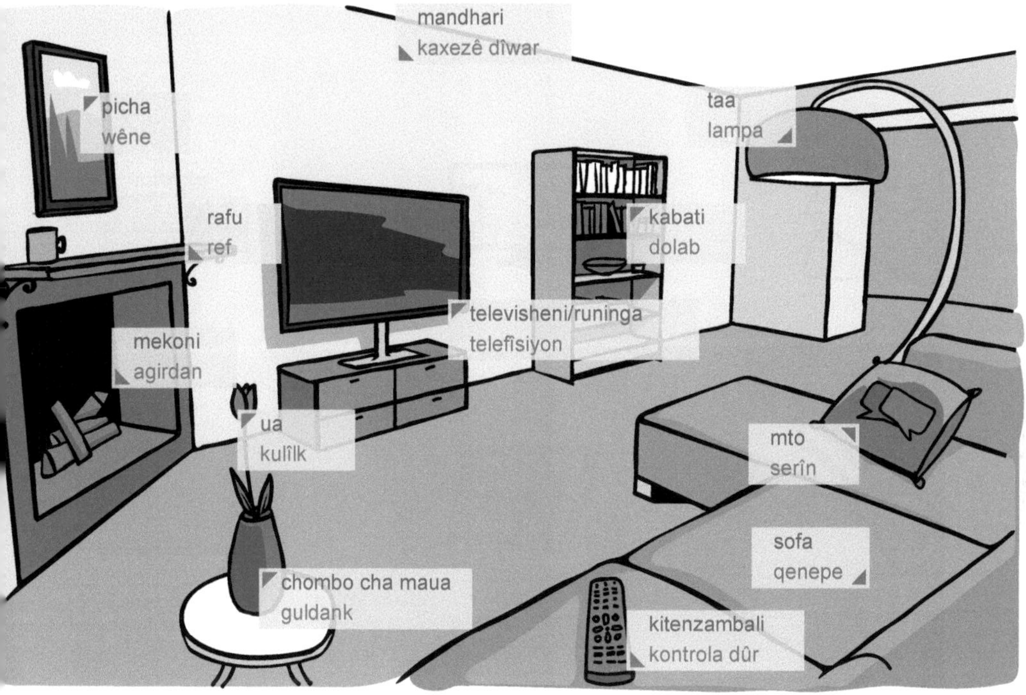

mandhari
kaxezê dîwar

picha
wêne

taa
lampa

rafu
ref

kabati
dolab

mekoni
agirdan

televisheni/runinga
telefîsiyon

ua
kulîlk

mto
serîn

sofa
qenepe

chombo cha maua
guldank

kitenzambali
kontrola dûr

zulia
....
xalîçe

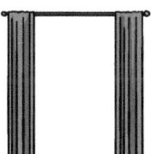

pazia
....
perde

meza
....
mêz

kiti
....
kursî

kiti cha bembea
....
kursiya hejanok

armchair
....
kursî

kitabu

pirtûk

blanketi

betanî

mapambo

xemilandin

kuni

êzing

filamu

fîlm

kifaa cha hi-fi

hi-fi

ufunguo

kilîl

gazeti

rojname

uchoraji

nîgar

bango

poster

redio

radyo

daftari

defter

kifyonza

sivnika elektrîkî

dungusi kakati

kaktûs

mshumaa

mom

jikoni
metbex

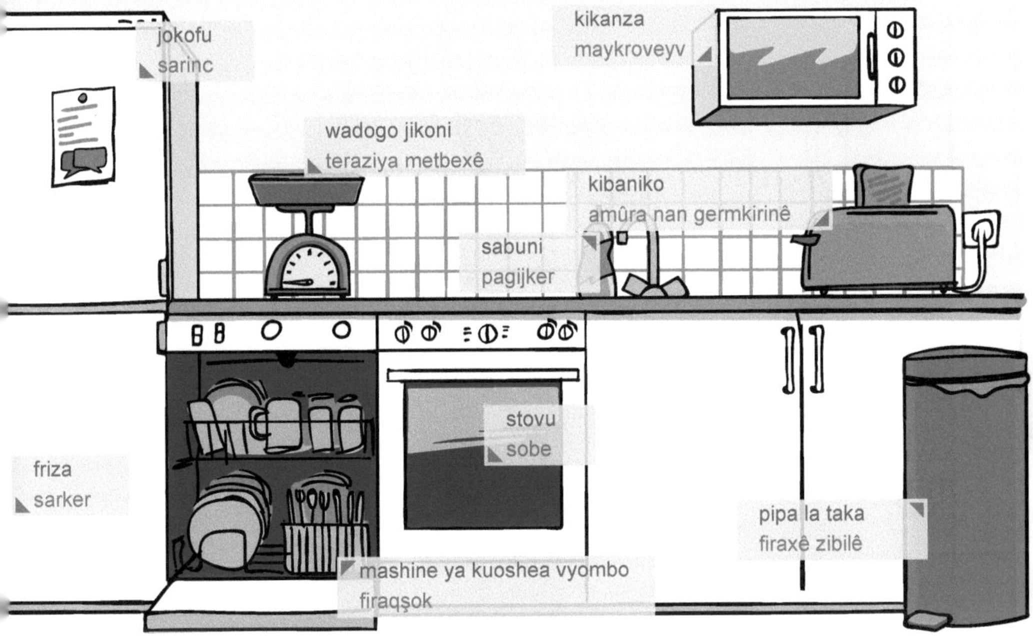

jokofu
sarinc
kikanza
maykroveyv
wadogo jikoni
teraziya metbexê
kibaniko
amûra nan germkirinê
sabuni
pagijker
stovu
sobe
friza
sarker
pipa la taka
firaxê zibilê
mashine ya kuoshea vyombo
firaqşok

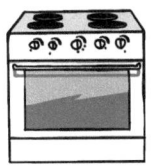

jiko la kupika
sobe

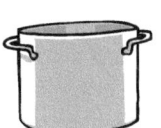

chungu
aman

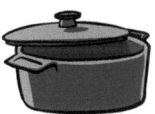

sufuria ya chuma
amaê ûtû

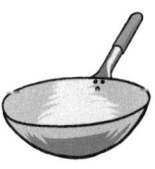

wok / kadai
firaqê mezin

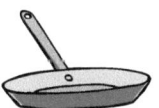

kaango
dîzik

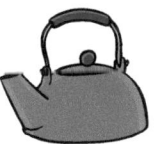

birika
kelînk

stima

firaqê hilmê

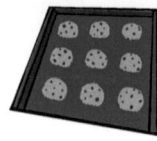

sinia ya kuoka

sênî nanê

vyombo vya udongo

firaq

kombe

piyale

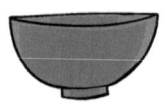

bakuli

kasik

vijiti vya kulia

darê nanxwarin

ukawa

hesk

mwiko mpana

kevçiya mezin

burashi

rînek

kichujio

kefgîr

chujio

bêjing

mbuzi

rêşker

chokaa

destar

barbeque

biraştin

moto wazi

agirê vala

ubao wa majaribio

texteya birrînê

kijiti cha kusukuma unga

darikê tîrê

kizibuo

devik badek

kopo

qûtî

inaweza kopo

qûtîvekir

kishikio cha chungu

cawê amanan

karo

destşo

brashi

firçe

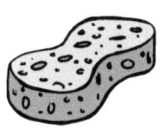

sifongo

parazoa

kisagaji matunda

tevdêr

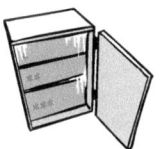

friji ya kina

sarkerê cemedî

chupa ya mtoto

şûşe bebikan

bomba

henefî

bafu
hemam

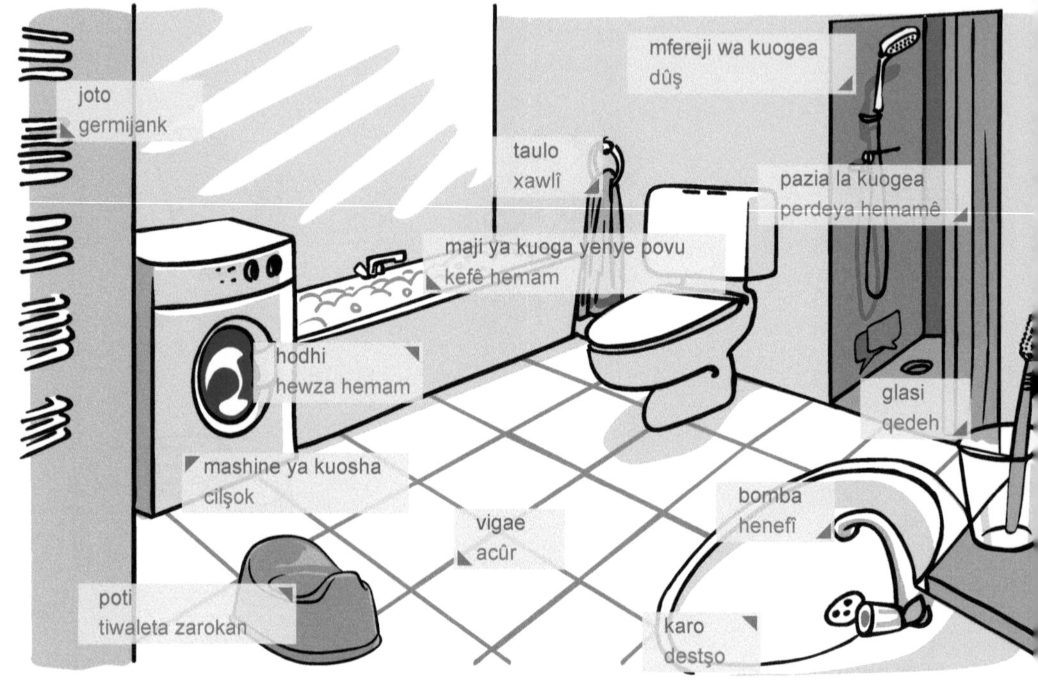
joto
germijank
mfereji wa kuogea
dûş
taulo
xawlî
pazia la kuogea
perdeya hemamê
maji ya kuoga yenye povu
kefê hemam
hodhi
hewza hemam
glasi
qedeh
mashine ya kuosha
cilşok
bomba
henefî
vigae
acûr
poti
tiwaleta zarokan
karo
destşo

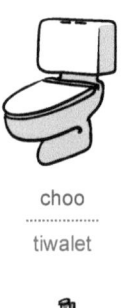

choo
tiwalet

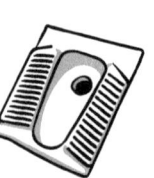

choo cha squat
tiwaleta erdê

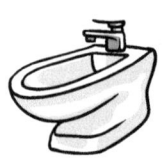

beseni la mviringo
tiwalet

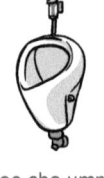

choo cha umma
avdestxana mêran

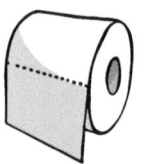

shashi
kaxeza tiwalet

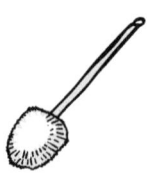

brashi ya choo
firşeya tiwalet

mswaki

firçeya diran

dawa ya meno

mecûna diran

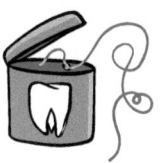

dawa ya meno

nexa didan

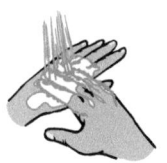

safisha

şûştin

kuoga mkono

dûşê destê

msukumo wa maji

dûş

bonde

destşo

mpako wa pili

firça pişt

sabuni

sabûn

jeli ya kuogea

cêlê hemam

shampuu

şampo

flana

fanîle

toa maji

zêrab

krimu

kirêm

kiondoa harufu

bêhn xweşkir

kioo

mirêk

kioo mkono

mirêka destê

kinyozi

gûzan

povu la kunyoa

kefê teraşînê

baada ya kunyoa

mecûna piştî teraşînê

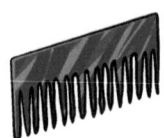

kichana

şeh

brashi

firçe

kikausha nywele

por hîşikkir

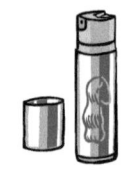

marashi ya nyewele

sipraya porê

vipodozi

kozmetîk

kidomwa

soravk

varnish ya msumari

rengê nînok

pamba

pembû

mkasi wa kucha

meqesta nînok

manukato

parfûm

mkoba wa kuosha

çewalê hemamê

kinyesi

kursiya bêpişt

mizani

terazî

nguo ya kuoga

kinca hemamê

glavu za mpira

lepika lastîkê

kisodo

tampon

sodo

xawliya paqijkirinê

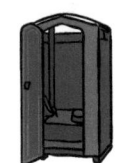

kemikali choo

tiwaleta kîmîyewî

chumba ya mtoto
odeya zarok

saa ya kengele
demjimêrk
kidoli cha kupakata
lîstok
gari bandia
maşîna lîstok
kelele
xişxişok
chumba cha midoli
mala lîstok
sasa
xelat

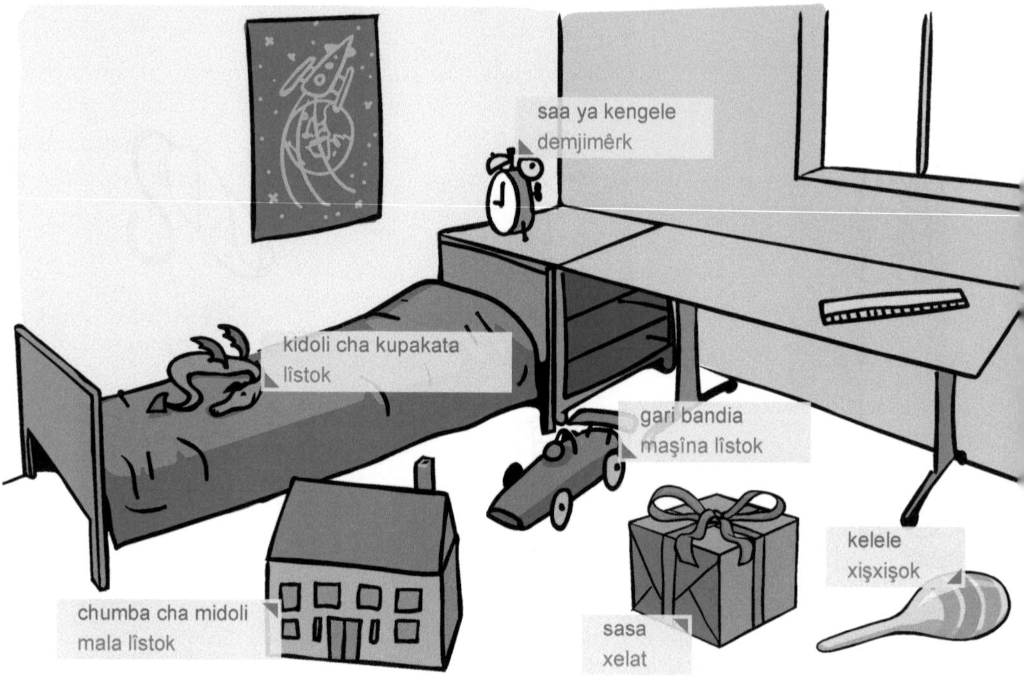

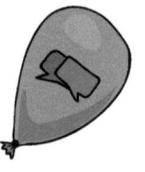

baluni
pifdank

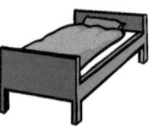

kitanda
nivîn

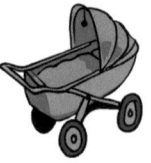

mashua
koçk

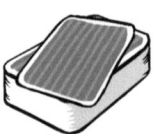

staha ya kadi
lîstika kartê

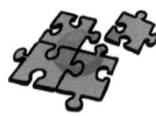

mchezo-fumb
frîzbî

vichekesho
komîk

matofali lego

acûra lêgo

vitalu mwigo

acûra lîstok

hatua takwimu

bûke şûşe

suti ya kulalia

kinca bebikan

kisahani

frizbee

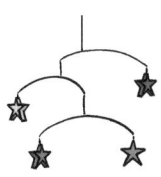

simu

veguhestin

ubao wa michezo

lîstikên texte

kete

mor

garimoshi mwigo

modêla trênê

dummy

memik

chama

cejn

picha kitabu

kitêba wêne

mpira

top

kikaragosi

bûke şûşe

kucheza

leyîstin

shimo la mchanga

kuna xîzê

bembea

colane

vitu bandia

lîstokan

kiweko cha video ya
mchezo

lîstika vîdeoyî

baiskeli ya magurudumu

sêçerxe

matatu

mwanasesere

hirça lîstok

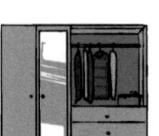

kabati

cildank

soksi

gore

stokingi

gore

kibano

derpêgorê

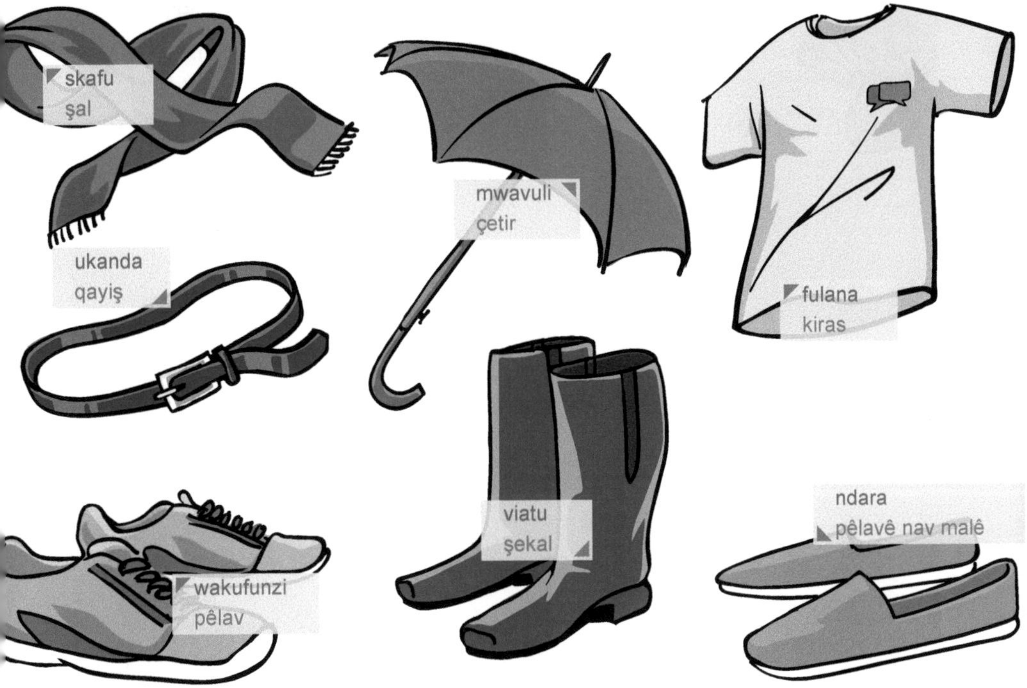

skafu
şal

mwavuli
çetir

ukanda
qayiş

fulana
kiras

viatu
şekal

ndara
pêlavê nav malê

wakufunzi
pêlav

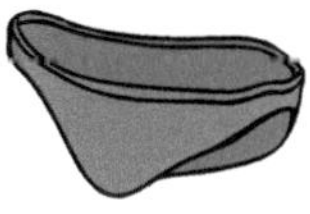

malapa	viatu	mabuti ya mpira
solik	sol	potîna çermê

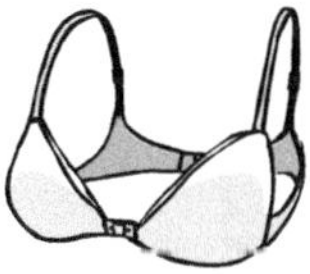

suruali ya ndani	sidiria	fulana
pantolê jêr	pêsîrbend	çekbend

mwili
....
cendek

suruali
....
pantol

dangirizi
....
jeans

sketi
....
daman

blauzi
....
kiras

shati
....
kiras

vuta
....
fanêle

sweta
....
fanêle

bleza
....
cakêt

jaketi
....
sako

koti
....
çaket

koti la mvua
....
baranî

maleba
....
lebas

gauni
....
fîstan

mavazi ya harusi
....
cilê dawetê

suti

kostum

vazi la usiku

pêcame

pajama

pêcame

sari

saree

skafu

leçik

kilemba

mêzer

burka

hêram

kaftan

kaftan

abaya

eba

vazi la kuogelea

kinca ajnêkirin

vazi la kiume la kuogelea

cilka melevanî

kaptura

şort

teitei

cila hêvojkarî

aproni

pêşmal

glavu

lepik

kifungo

dûgme

glasi

berçavik

bangili

bazin

mkufu

gerdenî

pete

gustîl

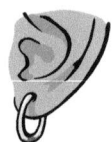

herini

guhark

kofia

devik

kiango cha koti

hilavistek

kofia

kûm

tai

kirawat

zipu

zîp

kofia

serparêz

kanda za suruali

derzî

sare za shule

kinca dibistanê

sare

yûnîform

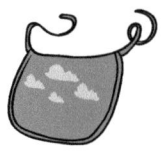

bibu

berdilk

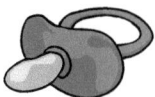

dummy

memik

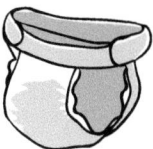

nepi

pundax

ofisi

ofîs

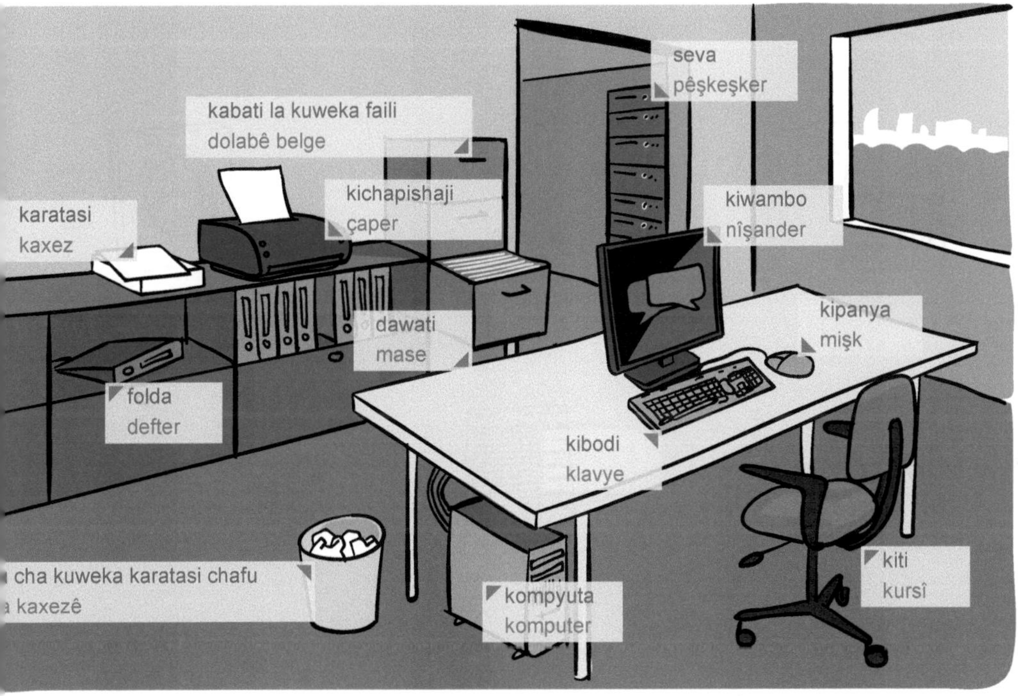

seva
pêşkeşker
kabati la kuweka faili
dolabê belge
kichapishaji
çaper
karatasi
kaxez
kiwambo
nîşander
kipanya
mişk
dawati
mase
folda
defter
kibodi
klavye
cha kuweka karatasi chafu
kaxezê
kompyuta
komputer
kiti
kursî

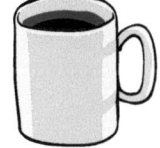

kmobe la kahawa

kasika qehwe

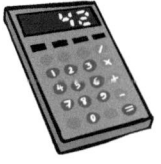

kikokotoo

hesabker

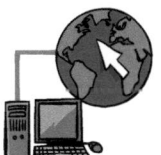

biashara

înternet

mbali
komputera laptop

barua
name

ujumbe
peyam

rununu
telefona mobîl

intaneti
tor

fotokopia
mekîna fotokopî

programu
software

simu
telefon

soketi
socketa fîşek

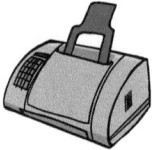

kipepesi
mekîna faxê

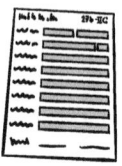

fomu
form

hati
belge

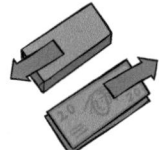

kununua

standin

kulipa

pere dan

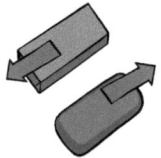

biashara

bazirganî

fedha

pere

dola

dollar

yuro

yoro

yeni

yenê Japonê

rouble

roblê Rûsî

faranga ya Uswisi

firankê Swîsê

renminbi yuan

yuanê Çînê

rupia

rûpee Hindî

eneo la kulipia

mekîna jixwebera dirav

ofisi ya ubadilishanaji

ofîsa pere veguhartinê

dhahabu

zêrr

fedha

zîv

mafuta

neft

nishati

wize

bei

biha

mkataba

peyman

kodi

tax

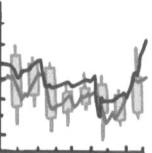

bidhaa

seham

kazi

karkirin

mfanyakazi

karker

mwajiri

karda

kiwanda

fabrîka

duka

dikan

kazi
profesyon

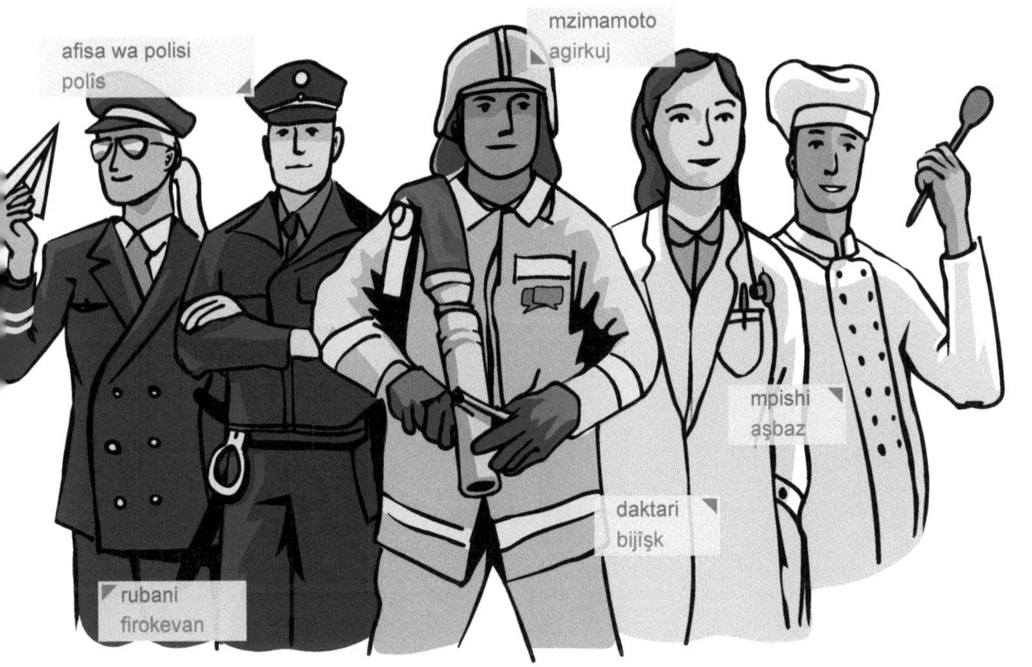

afisa wa polisi
polîs
mzimamoto
agirkuj
mpishi
aşbaz
daktari
bijîşk
rubani
firokevan

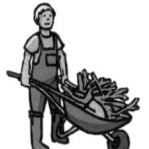

mtunza bustani

baxçevan

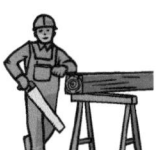

seremala

necar

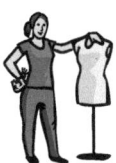

mshonaji

dirûnvan

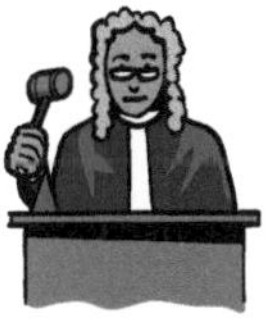

hakimu

hakim

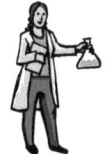

mwanakemia

şîmyazan

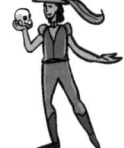

muigizaji

şanoger

dereva wa basi

şufêrê basê

dereva wa teksi

şufêrekî taksiyê

mvuvi

masîvan

mwanamke wa kusafisha

pagijker

mwezekaji

çêkirê banî

mhudumu

berkar

mwindaji

nêçirvan

mchoraji

rengrês

mwokaji

nanpêj

umeme

karebavan

mjenzi

avaker

mhandisi

endezyar

mchinjaji

qesab

fundi bomba

lûlekar

mwanaposta

postevan

mwanajeshi

esker

msanifu majengo

mîmar

keshia

diravgir

muuza maua

firotkara çîçekan

msusi

porçêker

kondakta

ajovan

mekanika

mekanîk

nahodha

keştîvan

daktari wa meno

pizîşka didanan

mwanasayansi

zanistyar

rabbi

rûhan

imamu

îmam

mtawa

keşe

kasisi

keşîş

zana

amûran

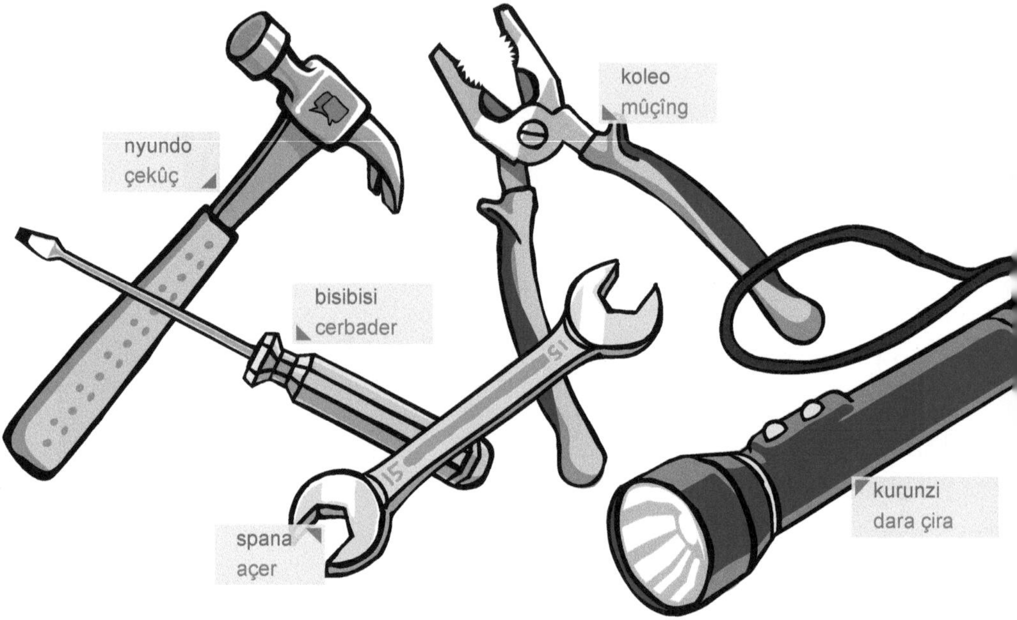
nyundo
çekûç
koleo
mûçîng
bisibisi
cerbader
spana
açer
kurunzi
dara çira

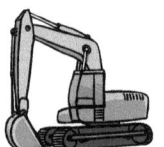

mchimbaji

şofel

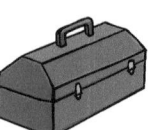

sanduku la vifaa

qûtiya amûran

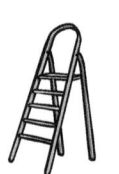

ngazi

peyje

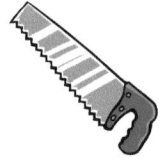

msumeno

mişar

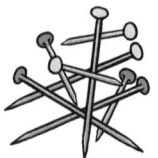

misumari

mîx

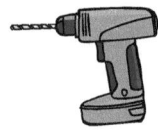

kuchimba visima

qulkirin

kukarabati
çêkirin

sepetu
merbêr

Lo!
nalet!

kishikio cha uchafu
bêl

chungu cha rangi
qûtiya rengê

skurubu
cerr

ala za muziki
amûrên mûzîkê

mpangilio wa ngoma
komê dehol

spika
bilîndgo

gita
gîtar

besi mara mbili
dû bas

tarumbeta
zirna

piano
piyano

fidla
viyolîn

ubeji
bas

timpani
dehol

ngoma
dahol

kibodi
keyboard

saksafoni
saksofon

filimbi
bilûr

maikrofoni
mîkrofon

bustani ya wanyama
baxça heywanan

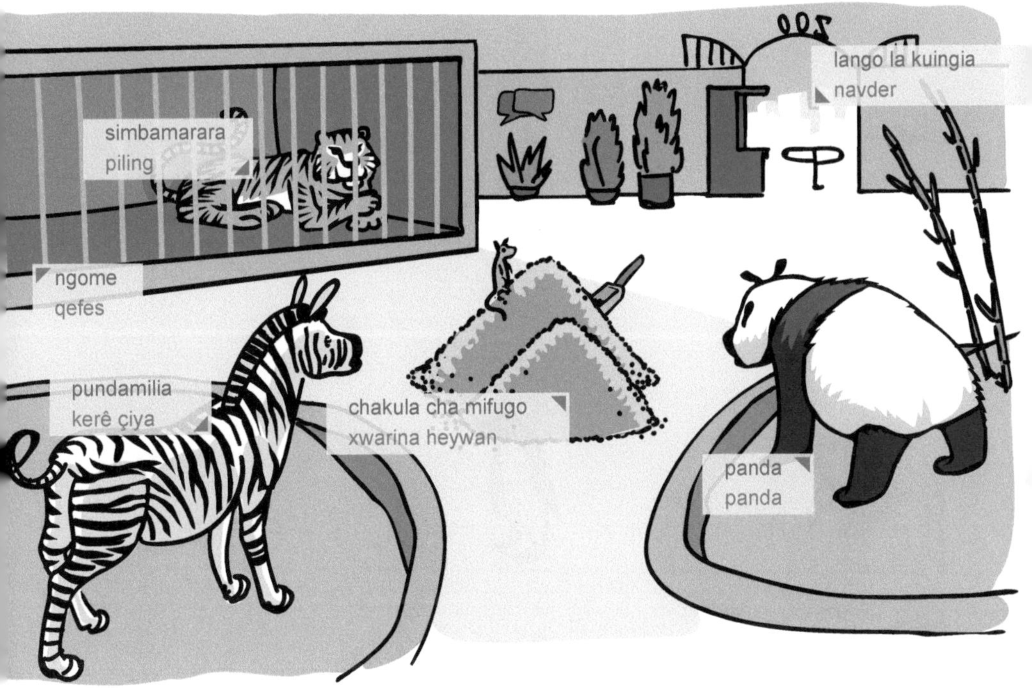

200
lango la kuingia
navder
simbamarara
piling
ngome
qefes
pundamilia
kerê çiya
chakula cha mifugo
xwarina heywan
panda
panda

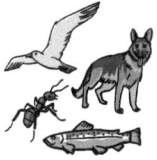

wanyama

heywan

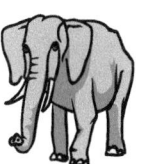

tembo

fîl

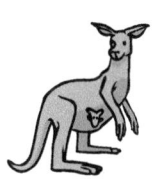

kangaruu

kangarû

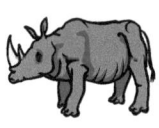

kifaru

kerkeden

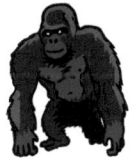

sokwe

gorîl

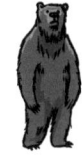

dubu

hirç

ngamia

hêştir

mbuni

hêştirme

simba

şêr

tumbili

meymûn

heroe

flamîngo

kasuku

papaxan

dubu

hirça cemserî

penguini

penguîn

papa

semasî

tausi

tawûs

nyoka

mar

mamba

timsah

mtunza wanyama

parêzera baxça ajalan

muhuri

seya derya

jaguar

piling

mwanafarasi

hesp

chui

piling

kiboko

hespê rûbar

twiga

canhêştir

tai

helo

nguruwe mwitu

berazê kovî

samaki

masî

kobe

kûsî

sili

walras

mbweha

rovî

paa

xezal

soka ya marekani
fûtbolê Amerîka

uendeshaji baiskeli
bisiklêtan

tenisi
tenîs

mpira wa kikapu
baskêtbol

kuogelea
avjenîkirin

ndondi
boxing

magongo ya barafuni
hokeya ser cemedê

soka
....
fûtbol

vinyoya
....
badminton

riadha
....
yê atletîzmê

mpira wa mikono
....
hendbol

skii
....
befirajotin

polo
....
polo

shughuli
çalakiyan

cheka
kenîn
kuruka
hilpeke
kumbatia
hembêz
kutembea
birêveçûn
kuimba
lawje gutin
ota ndoto
xewn dîtin
kuomba
nimêj kirin
busu
maçkirin

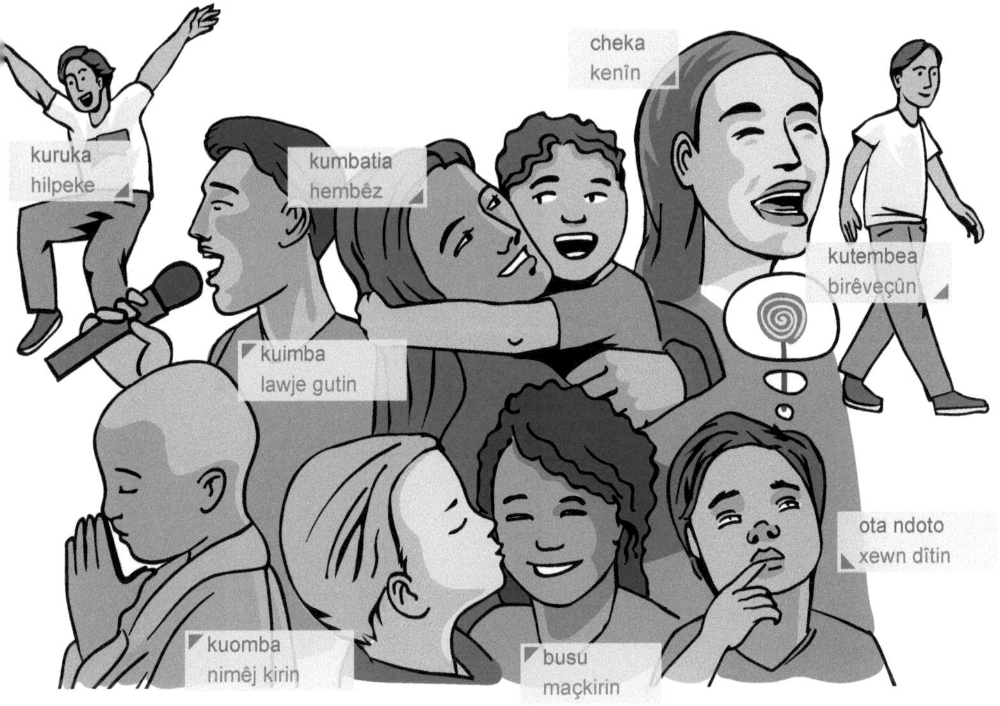

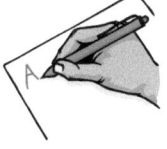

kuandika
nivîsandin

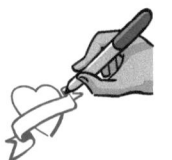

kuteka
nîgar kêşan

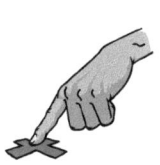

angalia
nîşan dan

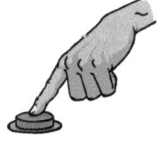

sukuma
paldan

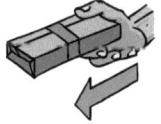

kutoa
dayîn

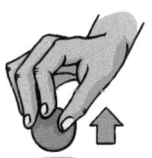

kuchukua
rakirin

kuwa
heyîn

fanya
kirin

kuwa
bûn

kusimama
sekinîn

kukimbia
bazdan

vuta
kişandin

kutupa
avêtin

kuanguka
ketin

hadaa
derew kirin

kusubiri
sekinîn

kubeba
guhêztin

kukaa
rûniştin

vaa nguo
cil berkirin

usingizi
razan

kuamka
rabûn

kuangalia

mêze kirin

lia

girîn

kiharusi

celte

chana nywele

şe kirin

ongea

peyvîn

kuelewa

famkirin

kuuliza

pirskirin

kusikiliza

bihîstin

kunywa

vexwarin

kula

xwarin

nadhifisha

korn kirin

upendo

hezkirin

mpishi

xwarin çêkirin

gari

ajotin

kuruka

firrîn

shughuli - çalakiyan

meli

kesştîvanî

kokotoa

hesibandin

kusoma

xwandin

kujifunza

hînbûn

kazi

karkirin

kuoa

zewicîn

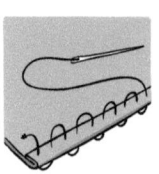

kushona

dirûtin

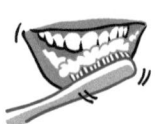

piga mswaki

didan şûtin

kuua

kuştin

moshi

dûxan

kutuma

şandin

shughuli - çalakiyan

bibi
dapîr

babu
bapîr

baba
bav

mama
dê

mtoto
bebek

binti
keç

bin
kur

mgeni
mêvan

shangazi
met

mjomba
ap/xal

kaka
bira

dada
xwişl

mwili
beden

paji la uso
enî
jicho
çav
bega
mil
kidole
tilî
uso
rû
kidevu
zenî
mkono
dest
matiti
sîng
mguu
ling
mkono
pîl

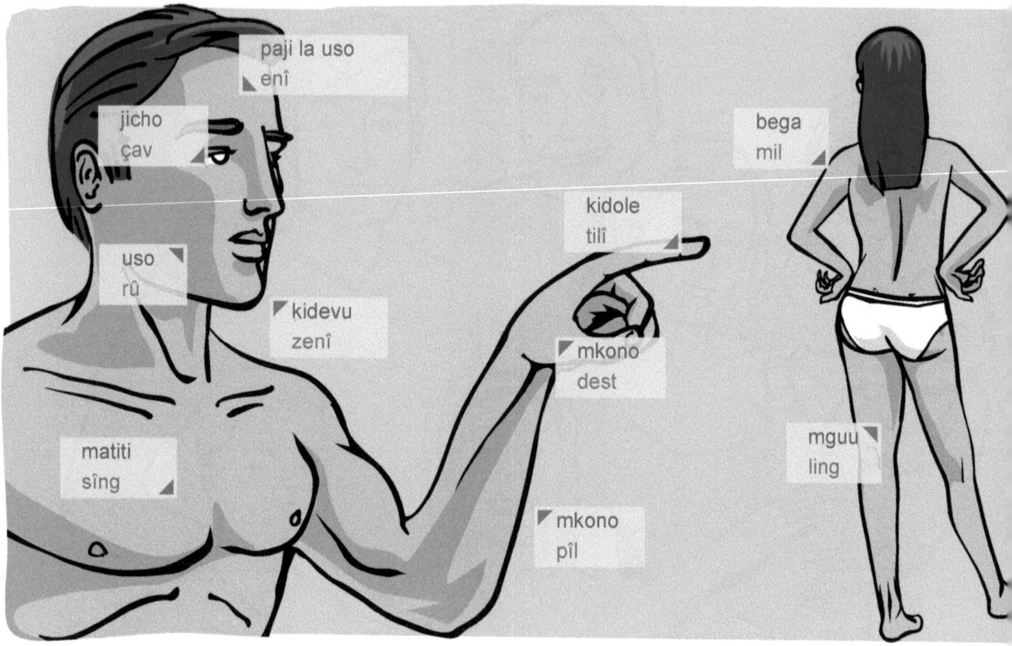

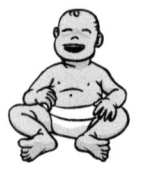

mtoto
bebek

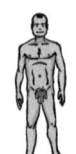

mwanamume
mêr

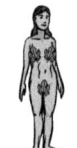

mwanamke
jin

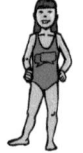

msichana
keç

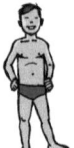

mvulana
kor

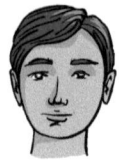

kichwa
ser

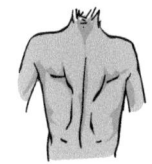

nyuma
pişt

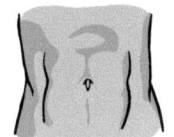

tumbo
zik

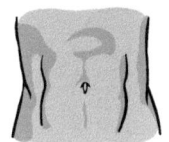

kitovu
navik

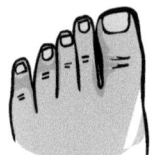

chano
tilîya pê

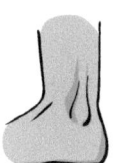

kisigino
panî

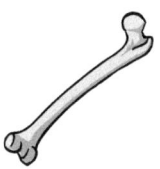

mfupa
hestî

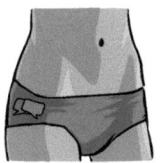

nyonga
kûlîmek

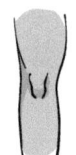

goti
jûnî

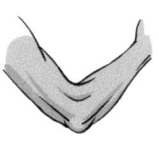

kiwiko
enîşk

pua
difn

chini
qûn

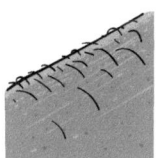

ngozi
çerm

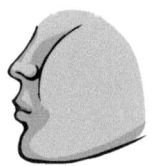

shavu
rû

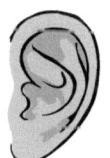

sikio
gûh

mdomo
lêv

kinywa

dev

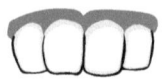

jino

diran

ulimi

ziman

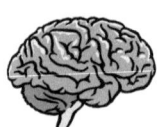

ubongo

mêjî

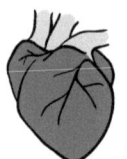

moyo

dil

misuli

masûl

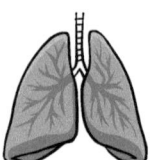

pafu

cîgera spî

ini

ceger

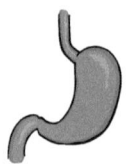

tumbo

made

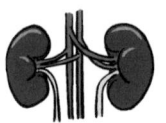

figo

gûrçikan

jinsia

cotbûn

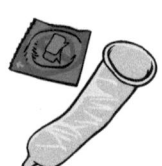

kondomu

kondom

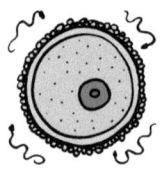

ovari

hêk

shahawa

tov

mimba

dûcanî

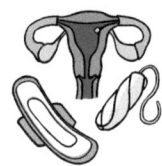

hedhi
ade

uke
qûz

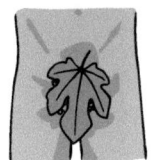

uume
kîr

unyusi
birû

nywele
por

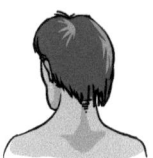

shingo
hûstû

hospitali
nexweşxane

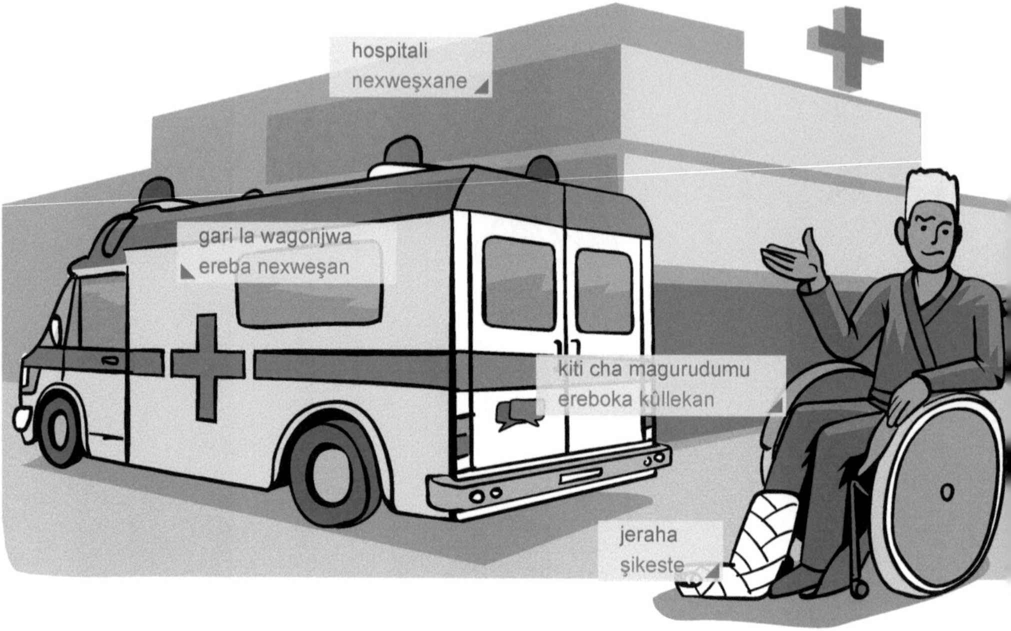

hospitali
nexweşxane
gari la wagonjwa
ereba nexweşan
kiti cha magurudumu
ereboka kûllekan
jeraha
şikeste

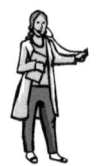

daktari

bijîşk

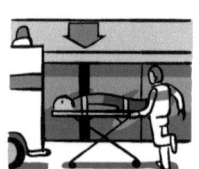

chumba cha dharura

oda lezgînê

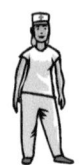

muuguzi

nexweşyar

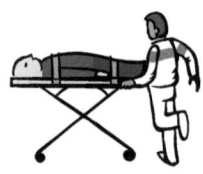

dharura

acîlîyet

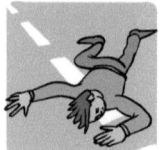

kupoteza fahamu

bêhay

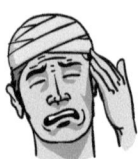

maumivu

êş

kuumia
birîn

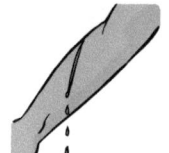

kutokwa na damu
xwînpijan

mshtuko wa moyo
hêrişa dilî

kiharusi
celte

mzio
alerjî

kikohozi
kuxik

homa
ta

mafua
zikam

kuharisha
navçûyin

maumivu ya kichwa
serêş

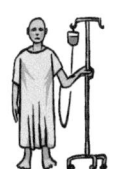

kansa
qansêr

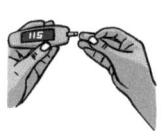

ugonjwa wa kisukari
nexweşiya şekirê

daktari mpasuaji
emelîkar

kisu kidogo cha kupasulia
skalpêl

operesheni
emelî

picha changanufu ya mwili

CT

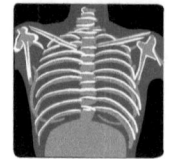

Eksrei

sûretê rontgên

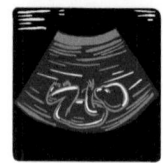

mawimbi sauti

ûltrasawnd

barakoa ya uso

maskê rûyê

ugonjwa

nexweşî

chumba cha kusubiri

oda sekinînê

mkongojo

goçan

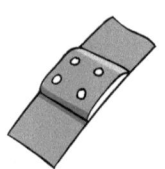

plasta

şêl

bendeji

paçê birînpêçanê

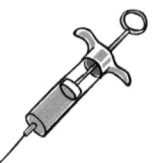

sindano

derzî

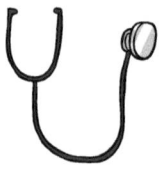

stetoskopu

bîstoka pizîşkî

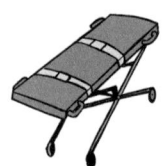

machela

darbest

kipimajoto cha kliniki

têhnpîva klînîkê

kuzaliwa

zayîn

unene kupita kiasi

qelew

kusikia misaada

alîkariya bihîstinê

kipukusi

bakterîkuj

maambukizi

kotîbûn

virusi

vîrûs

VVU / UKIMWI

HIV / AIDS

dawa

derman

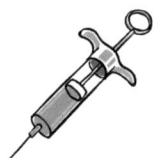

chanjo

kutan

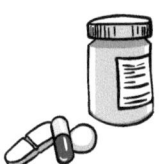

vidonge

heban

kidonge

heb

simu ya dharura

lezgîn

haemodainamometa

dimenderê pesto xwîn

mgonjwa / mwenye afya

nexweş / sax

Msaada!

Hewar!

kengele

alarm

pigo

êrîş

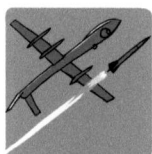

shambulizi

êrîşkirin

hatari

talûk

lango la dharura

derketina acil

Moto!

agir!

kizima moto

agir vemirandinê

ajali

qeza

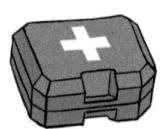

vifaa vya huduma ya kwanza

aletên alîkariya yekem

wito wa msaada

SOS

polisi

polîs

Ulaya

Ewropa

Amerika ya Kaskazini

Amerîkaya Bakûr

Amerika ya Kusini

Amerîkaya Başûr

Afrika

Afrîka

Asia

Asya

Australia

Awustralya

Atlantiki

Atlantîk

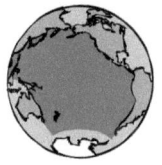

Pasifiki

Okyanûsa Mezin

Bahari ya Hindi

Okyanûsa Hindî

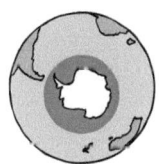

Bahari ya Antaktiki

Okyanûsa Antarktîka

Bahari ya Aktiki

Okyanûsa Arktîk

Ncha ya Kaskazini

Cemsera Bakûr

Ncha ya Kusini

Cemsera Başûr

Antaktika

Antarktîka

dunia

erd

nchi

ax

bahari

behir

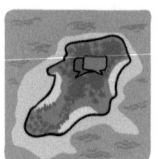

kisiwa

dûrge

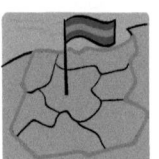

taifa

milllet

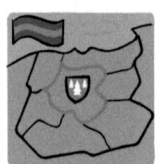

jimbo

welat

uso wa saa
rûyê saet

akrabu ya saa
nişanderka demjimêr

akrabu ya dakika
nişanderka deqe

akrabu ya sekunde
nişanderka saniye

Ni saa ngapi?
Seet çende?

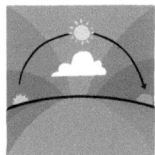

siku
roj

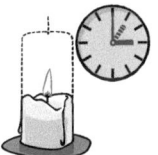

wakati
dem

sasa
niha

saa ya dijitali
saetê dicîtal

dakika
deqe

saa
seet

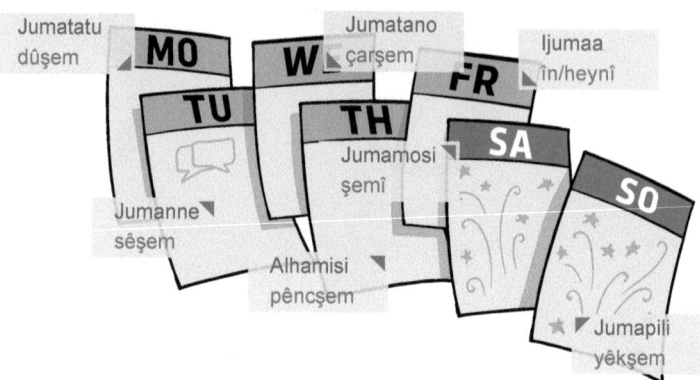

Jumatatu dûşem — MO
Jumatano çarşem — W
Ijumaa în/heynî — FR
TU
TH
Jumamosi şemî — SA
Jumanne sêşem
SO
Alhamisi pêncşem
Jumapili yêkşem

jana
duh

leo
îro

kesho
sibey

asubuhi
sibe

saa sita mchana
nîvro

jioni
êvar

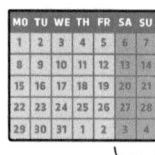

siku za biashara
rojên karê

mwishoni mwa wiki
dawiya hefte

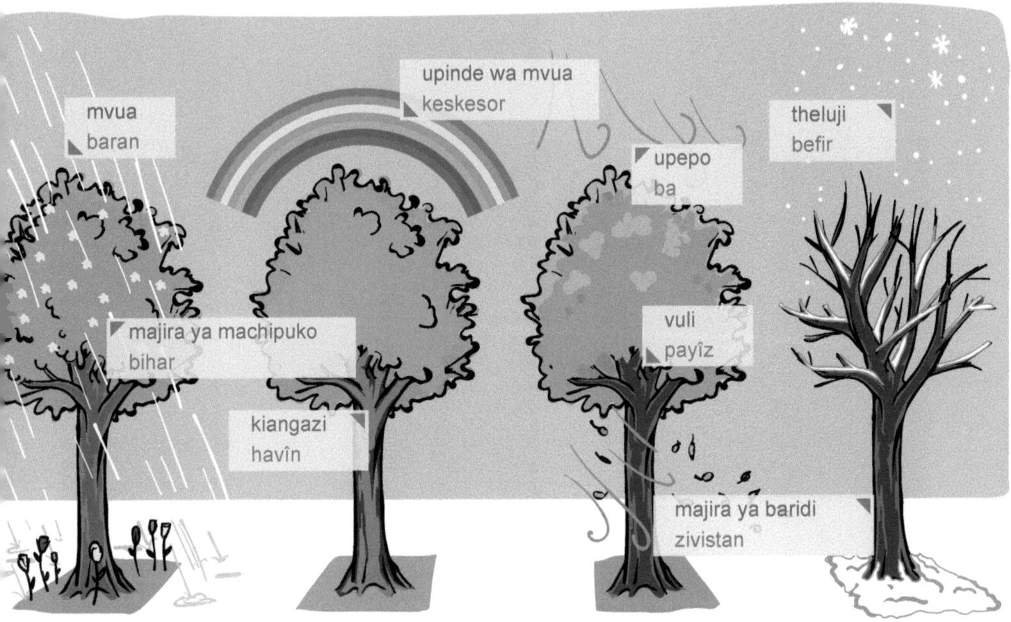

mvua
baran

upinde wa mvua
keskesor

upepo
ba

theluji
befir

majira ya machipuko
bihar

vuli
payîz

kiangazi
havîn

majira ya baridi
zivistan

4.APRIL	11°	☀
5.APRIL	4°	⛅
6.APRIL	13°	☁
7.APRIL	8°	❄
8.APRIL	10°	☀

utabiri wa hali ya hewa

pêşbîniya hewa

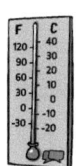

kipimajoto

tehnpîv

mwanga wa jua

tav

wingu

hewr

ukungu

mij

unyevu

hêmî

umeme
....
birq

radi
....
brûsk

dhoruba
....
tofan

mvua ya mawe
....
terg

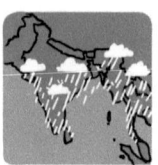

monsuni
....
mansûn

mafuriko
....
lehî

barafu
....
cemed

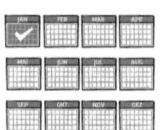

Januari
....
rêbendan

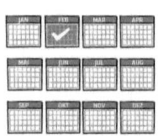

Februari
....
reşeme

Machi
....
newroz

Aprili
....
gulan

Mei
....
cozerdan

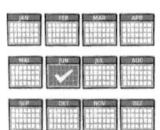

Juni
....
pûşper

Julai
....
gelawêj

Agosti
....
xermanan

Septemba

rezber

Oktoba

kewçêr

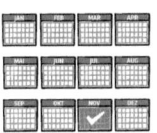

Novemba

sermawez

Desemba

befranbar

mduara

çember

mraba

çarçik

mstatili

çarqozî

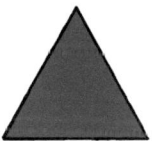

pembetatu

sêqozî

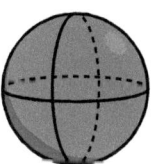

nyanja

qada

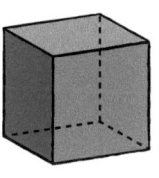

mchemraba

xiştek

nyeupe

sipî

manjano

zer

chungwa

pirteqalî

rangi ya waridi

pembe

nyekundu

sor

hudhurungi

mor

bluu

şîn

kijani

kesik

hanja

qehweyî

jivujivu

gewr

nyeusi

reş

mengi / kidogo

zor / kêm

hasira / pole

bi hêrs / bêdeng

nzuri / mbaya

bedew / nerind

mwanzo / mwisho

destpêk / dawî

kubwa / ndogo

mezin / biçûk

angavu / giza

ronî / tarî

kaka / dada

brak / xwişk

safi / chafu

pagij / girêj

kamilika / tokamilika

tevî / netemam

siku / usiku

roj / şev

wafu / hai

mirî / zindî

pana / nyembamba

fire / teng

kulika / kutolika

xweş / nexweş

ovu / ema

nebaş / baş

sisimkwa / udhika

bi heyecan / aciz

nene / nyembamba

qelew / zirav

kwanza / mwisho

yekemîn / dawîn

rafiki / adui

heval / dijmin

jaa / tupu

tijî / vala

ngumu / laini

req / nerm

nzito / nyepesi

giran / sivik

njaa / kiu

birçî / tînî

mgonjwa / mwenye afya

nexweş / sax

haramu / kisheria

neqanûnî / qanûnî

akili / kijinga

rewşenbîr / balûle

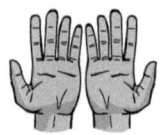

kushoto / kulia

çep / rast

karibu / mbali

nêzî / dûr

mpya / kutumika

nû / bikarhatî

kitu / jambo

hîç / tiştek

zee / changa

kal / ciwan

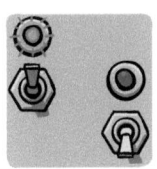

waka / zima

li / ji

wazi / fungwa

vekirî / girtî

utulivu / kelele

aram / dengbilind

tajiri / masikini

dewlemend / reben

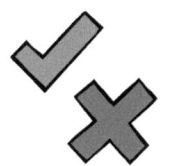

sahihi / kosa

rast / şaş

mbaya / laini

dirr / hilû

huzunika / furahia

xemgîn / şa

fupi /ndefu

kurt / dirêj

polepole / haraka

hêdî / zû

nyevu / kavu

şil / ziwa

joto / baridi

germ / hênik

vita / amani

şerr / aşitî

0	**1**	**2**
sufuri	moja	mbili
sifir	yek	dû

3	**4**	**5**
tatu	nne	tano
sê	çar	pênc

6	**7**	**8**
sita	saba	nane
şeş	heft	heşt

9	**10**	**11**
tisa	kumi	kumi na moja
neh	deh	yazde

12

kumi na mbili

dazde

13

kumi na tatu

sêzde

14

kumi na nne

çarde

15

kumi na tano

pazde

16

kumi na sita

şazde

17

kumi na saba

hefde

18

kumi na nane

hejde

19

kumi na tisa

nozdeh

20

ishirini

bîst

100

mia

sed

1.000

elfu

hezar

1.000.000

milioni

milyon

Kiingereza

Inglîzî

Kiingereza cha Marekani

Inglîziya Amerîkî

Kimandarini cha Uchina

Çînî Mandarîn

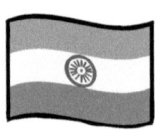

Kihindi

Hindî

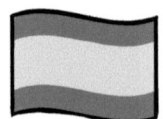

Kihispania

Îspanyolî

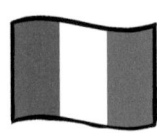

Kifaransa

Frensî

Kiarabu

Erebî

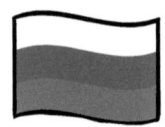

Kirusi

Rûsî

Kireno

Portugalî

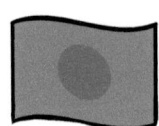

Kibengali

Bengalî

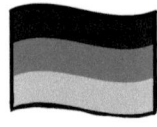

Kijerumani

Elmanî

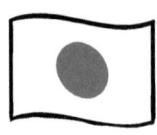

Kijapani

Japonî

mimi

min

wewe

tu

yeye / yeye / ni

ew / ev / ew

sisi

em

wewe

tu

wao

ew

nani?

kî?

nini?

çi?

jinsi gani?

çawa?

wapi?

kû?

lini?

kengî?

jina

nav

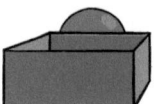

nyuma

piştî

katika

li

mbele ya

pêşî

juu ya

ser

kwenye

ser

chini ya

bin

kando

kêlek

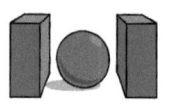

kati

navber

mahali

cih